I0681474

CUANDO LA LLUVIA VENGA

Antonio Aguirre Salamero

CentiRamo Publishing

CUANDO LA LLUVIA VENGA. Copyright © 2018 por Antonio Aguirre Salamero. Todos los derechos reservados. Se prohibe reproducir, almacenar o transmitir cualquier parte de este libro en alguna manera ni por ningún medio sin prevío permiso escrito, excepto en el caso de citas cortas para críticas.

Publicado por CentiRamo Publishing, Estados Unidos de América
Primera edición: Nueva York, NY
www.centiramopublishing.com
info@centiramopublishing.com

Ilustración de portada: Maribel Aguirre Salamero
Consultor de arte: Janet Frances White
Diseño del libro: Pierce Centina

ISBN-13: 978-0692142196
ISBN-10: 0692142193

Library of Congress número de control: 2018951162

Impreso en Estados Unidos de América

5 7 9 11 13 15 17 19 | 20 18 16 14 12 10 8 6 4

DEDICATORIA

En recuerdo de dos enamorados, Javier y María Jesús, vivos en cada latido de nuestros corazones. Cómo agradeceros vuestras vidas, aunque sólo fuera un poco... Cómo seguir vuestros pasos... ¡La que habéis liado! De mí no os vais a librar tan fácilmente... Nos volveremos a ver, eso seguro, la fiesta no ha terminado. No ha hecho más que empezar.

AGRADECIMIENTOS

Sin los hermanos Gilbert y Pierce Centina Ramos estas palabras se hubieran ido conmigo a la tumba.

Su entusiasmo e insistencia son los únicos culpables de que ahora en cambio vean aquí la luz.

Gracias Gilbert por haber entrado en nuestras vidas, con esa mirada tuya que convoca lo que está por venir.

Gracias Pierce, verdadero don Quijote de causas perdidas.

Gracias a Janet Frances White por su trabajo artístico del todo desinteresado.

Gracias a Maribel por su poderosa cubierta, es la señora del Ratón Blanco, la hermosa Dulcinea del Caballero Perdido, una chica de Cascante que sobrevuela este libro y nuestras vidas en todas sus páginas.

Los peluches en sus manos se los pusimos llegado el día para que no se clavase los dedos en las palmas.

Reunimos una buena colección, aquí recordaré sólo a un ratón, que se hizo famoso en nuestras visitas a los médicos, y a una muñeca de queridas trenzas naranjas y pecas en la cara que se llamaba Araceli.

Gracias a Marimar y a Jose Antonio por tantas y tantas cosas que han quedado escritas en el Libro de la Vida.

Gracias a todos mis hermanos... ¡Hemos sido tan afortunados!

Gracias a mis amigos, y a mis profesores, a los vivos y a los muertos.

Y por fin, gracias a mi mujer, Cristina, una chica de verdad, que prefiere las buenas personas a los poetas. Gracias por tu sentido común, gracias por tu presencia salvadora... Yo no soy del todo tonto... Te elegí a ti.

Ah, por supuesto, las palabras "remolínica", "multipersonalidad", "disectar", "genitalista", "estadisticar" y "enanizar" me las he inventado, por eso aún no existen, y es posible que nunca lo hagan, que conste.

ÍNDICE

[1]   Porque tú estás conmigo
[2]   Mientras tú duermes
[3]   Chica de cascante
[4]   Caminos de libertad
[5]   Mi loco preferido
[5]   Cristo no tiene una colección de escopetas
[7]   Gestas de caramelo
[8]   Dios es gratis
[9]   Gusanos
[10] Colores
[11] Importante bobo
[12] Invierno
[13] Justicieros de la carretera
[14] La vida es ahora
[15] Mierda y moscas
[16] Las palomas
[17] Comienza, Amor
[19] Menú
[20] Acepta el nuevo día
[21] Acepto el nuevo día
[22] Olas y arena
[24] Ahora que te has ido
[25] Acepto tu perdón
[28] Arrugas viejas
[29] Aún ahora
[31] Azul y amarillo
[32] Cristo te ama
[33] Ven, realidad
[35] Con tu presencia
[36] Dame chufla
[37] Cuando cayeron las bombas
[38] Cuando el tiempo se acaba
[39] Cuando todo empezó
[40] Después de tu palabra
[40] Dame tu nombre
[41] Descubrir es recordar
[44] Despertar es comprender
[44] Diminutos del aire

ÍNDICE

[45]   Dios es darse

[47]   Dios está a la puerta

[48]   El mar fue testigo

[49]   El cielo

[50]   El premio es el servicio

[51]   El juicio

[53]   Entrega el tesoro

[55]   Eres mi pequeña

[56]   Esa chica es un acierto

[57]   Eucaristía

[57]   Hay un lienzo

[58]   Imagen y semejanza

[59]   La frente de todos

[61]   Hola, pajarito

[62]   Y que encuentres hoy la fuente

[63]   La libertad

[64]   La vida va a ocurrir

[65]   Las nubes (El sevillano decía golondrinas)

[66]   Los reproches

[67]   Los cuidados del viento

[69]   Las verdaderas razones

[72]   Lo que debemos

[73]   Lo que podamos amar

[74]   Los milagros del corazón

[75]   Me encontraste tú

[76]   Mi cabeza remolínica

[77]   Nada, y menos que nada

[78]   No depende de ti

[80]   No se hable más

[82]   Mira lo que soy

[83]   No tengáis miedo

[84]   Me acojo a tu nombre

[85]   No tengo tiempo

[86]   No tengo respuestas

[87]   Nos espera la vida

[89]   Nosotros

[91]   Palabras que se marcharon

[92]   Para el hombre

ÍNDICE

[93] Ponte en marcha

[94] Palabras vivas

[95] Ponte en pie

[96] Por qué no hablaste antes

[97] Por fin descansa

[98] Porque tú estás con nosotros

[99] Promesa hallada

[100] Quedarán lugares

[101] Quiérete, y acéptate

[101] Quédate

[102] Recintos sagrados

[103] Nos espera hoy si escuchamos

[104] Nos lo das tú

[106] Nuestro destino

[107] Mal sueño

[108] Que fue siempre hacia ti

[110] La encina

[111] Sábanas rotas

[112] Que sueña nacer

[114] Redentor del mundo

[115] Saber que construirán

[116] Regalos de despedida

[117] Saltar los muros

[118] Siguiré viniendo

[119] Sal a la calle

[120] Si abres la ventana

[122] Si calláis ahora

[123] Si el sol fuese de Kim Jong-un

[124] Si hoy no, nunca

[124] Si te quedaras aquí

[125] Somos el hombre

[127] Te pediré para mí

[128] Sujetos de la solidaridad

[129] Tengo el alma gitana

[131] Volveré al verde

[131] Si yo existiera

[133] Y vamos llegando

[134] Tus manos escondidas

ÍNDICE

[134] Tienes quien te defiende

[135] Sin amor no es nada

[136] Te seguiré amando

[137] Si no alcanza para todos

[138] Todo está bien

[139] Somos para darnos

[140] Son las mismas flores

[142] Uno tras otro

[143] Tu camino

[144] Tú me defenderías

[145] Todo, menos el amor

[147] Tú eres el norte

[148] Valió la pena

[149] Tu luz me basta

[150] Mi niño extraño

[151] Tú me volverás

[152] Volvemos a casa

[153] Vuelve, esperanza

[154] Yo diseco

[155] Yo disecto (incluso si disectar no existe)

[155] Son pequeñas muertes

[156] Aprendo de ti, verde

[157] Para adorarte

[158] El jardín de las malas hierbas

[161] Cuando la lluvia venga

[162] Fue un abrazo

[164] Personas

[166] El amor que te he dado

[167] Y tan alto volaremos

[168] El amor se lucha

[169] Ahora ya somos hijos de Dios

[170] Y si no, no somos

CUANDO LA LLUVIA VENGA

Porque tú estás conmigo

Porque tú estás conmigo.
Traerán grano las cosechas.
No habrá piedras para nadie.
Nuestras manos abiertas.

Al verde de tu soplo.
Que baila para nosotros.
Danza de hermosura.
Siempre presente.

Porque tú estás conmigo.
Saltará sus muros.
El corazón preso.
Que alza el vuelo.
Cuando lo miras.

Porque tú estás conmigo.
Habrá paz en el instante.
Sin huir más al futuro.
Ni temerlo.
Sin huir más al pasado.
Ni añorarlo.

Porque sé que tú no duermes.
Porque sé que tú sostienes.
Mi cabeza fuera del agua.

Fuera del agua.
Lejos del trueno.
Bajo las alas.
De tu regazo.

Fuera del agua.
Ya no habrá quejas.
Paz en tus manos.
Ansia calmada.

TIEMPO QUE BROTA.
A CADA INSTANTE.
EN ESTA FUENTE.
DE TU MIRADA.

PORQUE TÚ ESTÁS CONMIGO.
DANZA DE HERMOSURA.
PAZ EN EL INSTANTE.
VERDE DE TU SOPLO.
PORQUE TÚ ESTÁS CONMIGO.

MIENTRAS TÚ DUERMES

MIENTRAS TÚ DUERMES.
TUS MANOS SOBRE LOS MUÑECOS.
TU DULCE NIÑA ENTREGADA.
UN MIRLO SE HA POSADO.
SOBRE LA PLATA Y EL GRIS.

Y EL ÁRBOL NEGRO, QUE NEGRO ESPERA.
TU SUEÑO VERDE, DE NUEVO ABRIL.
TU SUEÑO VERDE, DE LUZ Y FLORES.
DE LUZ Y FLORES, AGUA Y JAZMÍN.

QUE A VECES SUEÑO.
TAMBIÉN DESNUDO.
ROTAS LAS RAMAS, SECO EL JARDÍN.

MIENTRAS TÚ DUERMES.
TUS MANOS SOBRE LOS MUÑECOS.

MIENTRAS TÚ DUERMES.
LUNA, SOL, MAR, ESTRELLAS.

MIENTRAS TÚ DUERMES.
MI DULCE RECUERDO.

SÍ, PROMETO.
YO PROMETO.

YO PROMETO SERTE FIEL.

CHICA DE CASCANTE

CHICA DE CASCANTE.
CHICA DE ALAS BLANCAS.
LA FLOR DE TU ALMA.
CORTADA A SUS PIES.

QUE LLENA DE LUZ.
FIJADA EN MIS OJOS.
QUIÉN PUEDA PAGAR.

EL PERFUME BENDITO.
DE TUS HUELLAS.

Y UNA LLUVIA QUE NO CESA.
ME TRAE EL RECUERDO.
DEL VERANO EN TU GESTO.

DE TU RISA CALMADA.
Y DE NIÑOS QUE JUEGAN.
SOL QUE NOS DEJAS.
DISIPA ESTE FRÍO.

REGALO QUE HAS SIDO.
NO NOS OLVIDES.
SALDREMOS AL CAMPO.
CHICA DE CASCANTE.
ESPADAS DE PALO.
SOMBREROS DE LATA.

QUE GANAN LOS MALOS.
CHICA DE CASCANTE.

QUE GANAN LOS MALOS.
NO NOS OLVIDES.
CHICA DE CASCANTE.
CHICA DE ALAS BLANCAS.

LA LUZ DE LA MAÑANA.
QUE TRAE TU NOMBRE.

SUSURRA EL VERSO.
QUE FUERON TUS MANOS.
ESPADAS DE PALO.
PERFUME BENDITO.
SOMBREROS DE LATA.

Y MUDO DE ASOMBRO.
TE DOY LAS GRACIAS.

CAMINOS DE LIBERTAD

QUIERO TENERME LIBRE Y NO PUEDO.
COMPRENDO DE INMEDIATO LA MALDAD.

INTENTO ACEPTAR ESTAS COSAS.
CUYA ASPEREZA NO IMPIDE.
AL AMOR AMAR.

SALGO AL BALCÓN CADA MAÑANA.
EL MUNDO ESPERA ANTE MIS PIES.

PIES QUE OS QUIERO LIBRES.
CAMINOS QUE OS QUIERO ABIERTOS.
CAMINOS NUEVOS.
CAMINOS QUE AGUARDAN.
CAMINOS HACIA UN LUGAR.
CAMINOS DE LIBERTAD.

QUIERO TENERME LIBRE Y NO PUEDO.
QUIERO SEGUIR LOS CAMINOS.

QUE LLEVAN AL MANTO.
QUE CUBRE TUS PIES.

CAMINOS NUEVOS.
CAMINOS QUE ESPERAN.
CAMINOS HACIA UN LUGAR
CAMINOS DE LIBERTAD.

MI LOCO PREFERIDO

PORQUE TE VUELCAS, Y CREAS, EXTROVERTIDO.
PORQUE MIRAS AL OTRO, PARA ENTREGARTE, EXCÉNTRICO.
PORQUE SALES DE VIAJE, Y TU DESTINO ES EL OTRO, EXTRAVAGANTE.
PORQUE CRECES CUANDO MENGUAS, EXTRAORDINARIO.
EXTROVERTIDO, EXCÉNTRICO, EXTRAVAGANTE, EXTRAORDINARIO.
POR TODO ELLO, YO TE DECLARO MI LOCO PREFERIDO.

CRISTO NO TIENE UNA COLECCIÓN DE ESCOPETAS

CRISTO NO TIENE UNA COLECCIÓN DE ESCOPETAS.
SI ÉL CERRASE LOS OJOS, TODO DESAPARECERÍA.

LOS RASCACIELOS, LOS PALACIOS, LOS CASTILLOS, TODO.
LOS HUEVOS FABERGÉ, LOS RELOJES CARTIER, LOS
DIAMANTES, EL PETRÓLEO, TODO.
LA MURALLA CHINA, LAS LUNAS DE MIEL, EL FUTURO,
EL PRESENTE Y EL PASADO.
ÉL ES EL DUEÑO DEL VIENTO, HACE NACER LOS ÁRBOLES, Y
SOSTIENE PAJARILLOS EN SUS MANOS.

PODRÍA LLEVAR UN GRAN ABRIGO, CON CUELLO DE PIEL, UN
ANILLO EN EL DEDO, UNA ESCOPETA REPUJADA EN PLATA Y
ORO, Y POSEERLO TODO, LO QUE ESTÁ DENTRO DEL
MUNDO, Y LO QUE ESTÁ FUERA DEL MUNDO, Y TENER
ESCLAVOS Y PLANETAS, MUSEOS DEDICADOS, Y
ADORADORES,

Podría tener la colección de escopetas más grande
del mundo, y ser la envidia de propios y extraños.

Pero esas cosas tan enanas a Él no le interesan.
Cristo prefiere jugar con el viento.

Suelta los pájaros, y los mira, tan pequeños,
agarrados al viento con sus alas, arriba y abajo,
arriba y abajo, se
beben el aire, como un elixir.

Mira cómo vuelven a Él, confiados, y se posan en
sus brazos, como ramas de un árbol de vida, de un
mismo árbol nuevo, siempre naciendo.

Olvidado de Sí, no precisa admiradores, ni busca
adoradores, sólo nos quiere libres.

Prepara un lugar para nosotros, en él podremos
volar, y bailar en el viento, y posarnos en sus dedos,
como ramas que crecen en un jardín, sólo para nosotros.

Sigue soñándonos, no cierres tus ojos, danos tu
viento, y tu libertad, gracias Señor.

Un pesebre, una jofaina, agua para nuestros pies, tus
extraños tesoros, gracias Señor.

Cristo no tiene una colección de escopetas.
Una tonta colección de escopetas.
Una inútil colección de escopetas.

Cristo no tiene una colección de escopetas.

Gracias, Señor.

GESTAS DE CARAMELO

EL NOMBRE DEL REY SE PERDERÁ.
UNA LLUVIA DE DESMEMORIA, DE TIEMPO.
BORRARÁ SUS LETRAS.

LUCES, SONRISAS FINGIDAS, CAMISAS PLANCHADAS, Y POSES ESTUDIADAS.
TODOS SERÁN OLVIDADOS.
CUANDO EL TIEMPO LLUEVA SOBRE NUESTROS PASOS.

EN MEDIO DE LA NADA APARECERÁN.
INSTANTES FUGACES DE INMORTALIDAD.

ENCUENTROS ANTES VIVIDOS.
POR ACTORES QUE SE FUERON.

UNA NIÑA PIDE UN CARAMELO.
UN PERRO BOSTEZA, Y SE ESTIRA.

LA SOMBRA DE UNA VELA SOBRE LA PARED.
UNA RISA, QUE DISUELVE POR UN SEGUNDO LA OSCURIDAD.

LOS RÍOS QUE FLUYEN SIN PREGUNTAR

FLUYEN Y SE RÍEN DEL TIEMPO.
FLUYEN Y SE RÍEN DE NUESTRO CALENDARIO.

QUE SE ALZA SOBRE NOSOTROS CON UNA FUSTA EN LA MANO.
QUE AZOTA A REYES Y A MENDIGOS.
QUE BORRA NUESTRAS HUELLAS, YA LAS HA BORRADO.

BUSCARÉ UN CARAMELO.
SI ME DA TIEMPO.
IRÉ HASTA EL FIN DEL MUNDO.
LO PONDRÉ EN LAS MANOS DE LA NIÑA.
PARA CUANDO DESPIERTE.
SERÉ EL GUERRERO QUE TRAJO UN CARAMELO.
COMO ANTES OTROS.
QUE VENDRÁN DE NUEVO.

Verdaderas gestas.
Gestas de caramelo.

Dios es gratis

Dios es gratis.
El cielo es gratis.
El amor es posible.

Quiero aprender.
El lenguaje de los signos.
Para comprender.
El diálogo, la belleza.

La belleza grita.
A nuestros oídos,
Todos los días.

Pero no nos enteramos.

El universo entero.
Se esfuerza.
En mostrarnos.
El lenguaje de los signos.

Dios es gratis.
El cielo es un regalo.
El amor es posible.

Amor posible, porque es gratis.

Míralo en tus manos.
Está esperando.

GUSANOS

EL FUTURO SON GUSANOS.
Y YA ESTÁ A LA PUERTA.
OROPEL, POMPA Y FAMA.
GUSANOS, GUSANOS Y GUSANOS.

SOBRE TI, SOBRE MÍ, SOBRE TODOS.
GUSANOS Y OLVIDO.
NADA Y SOMBRA.
PASOS SIN HUELLAS.
GUSANOS Y GUSANOS.

LA ESPERANZA DE UN AMOR QUE NOS ACOJA.
EL CONSUELO DE LA VIDA DE LOS OTROS.
QUE LOS ÁRBOLES PERMANEZCAN.
ESO AL MENOS, ESO AL MENOS.

LA IMPORTANCIA, EL ORIGEN.
GUSANOS Y GUSANOS.
LO DISTINTO, LA GRANDEZA.
GUSANOS Y GUSANOS.

MATAIOTES MATAIOTETOS
KAI PANTA GUSANOS.
GUSANOS, GUSANOS Y GUSANOS.

PUTIN, GUSANOS.
TRUMP, GUSANOS.
DARÍO, GUSANOS.
ALEJANDRO, GUSANOS.
EL FUTURO SON GUSANOS.
Y YA ESTÁ A LA PUERTA.
OROPEL, POMPA Y FAMA.
GUSANOS, GUSANOS Y GUSANOS.

COLORES

TRASTERO DE LAS CONTRADICCIONES.
FLOR DE POSIBILIDAD.

PINTAMOS LAS PAREDES DE LA HABITACIÓN.
PERO NO SON NUESTRAS PAREDES.

NUESTRAS PAREDES VIVAS.
LAS VERDADERAS PAREDES, CASA DEL CORAZÓN.

CASA DEL CORAZÓN.
PINTAREMOS TUS PAREDES.

CON EL COLOR.
DE NUESTRAS DECISIONES.

PAREDES VIVAS.
COLORES VERDADEROS.

ÚNICO Y VERDADERO TESORO.
ÚNICO Y VERDADERO HOGAR.

A PRUEBA DE INCENDIOS.
A PRUEBA DE MUERTE.

PODRÁN QUITARNOS LA ROPA.

PEDIRNOS LAS MÁSCARAS.
CON QUE BAILAMOS.
EN ESTE CARNAVAL DE RUIDO.

PODRÁN AHOGAR LA PALABRA.
EN UN GRITO, EN LA PRISA.

EN MIL CUERDAS CARRERAS.
HACIA NINGUNA PARTE.

PODREMOS QUEDAR DESNUDOS.
PODRÁN DARNOS MUERTE.

QUEMAR NUESTRO PUEBLO.
ARRANCAR LAS PIEDRAS.
DE NUESTROS CIMIENTOS.

Y BORRAR NUESTRO NOMBRE.
Y BORRAR LO QUE HICIMOS.

PERO NO NUESTROS COLORES.
NO LO QUE DECIDIMOS.
NO NUESTRAS PAREDES.

AL FINAL SEREMOS ESO.

COLORES.
PAREDES VIVAS.

CASA DEL CORAZÓN.
FLOR DE POSIBILIDAD.
TRASTERO DE LAS CONTRADICCIONES.

IMPORTANTE BOBO

EL SOL NO CUELGA DE TI.
AFORTUNADAMENTE, IMPORTANTE BOBO.
LA VIDA NO DEPENDE DE TI.
AFORTUNADAMENTE, IMPORTANTE BOBO.
NO PUSISTE LA MESA.
NI LA CUBRISTE DE MANJARES.
NO TIENES LA ÚLTIMA PALABRA.
AFORTUNADAMENTE, IMPORTANTE BOBO.

SÓLO PUEDES DECIDIR SI METERTE O NO EN EL AGUA, SI
COGER LAS OLAS CON LA ESPALDA, SI DEJARTE LLEVAR.
SÍ, DEJARTE LLEVAR.

NO ESPERES MÁS. DECÍDETE. AÚN QUEDA TIEMPO.
EL TIEMPO ES UN REGALO A TUS PIES.
AFORTUNADAMENTE, IMPORTANTE BOBO.

INVIERNO

YA LLEGA EL INVIERNO.
PREGUNTAD A LOS PÁJAROS.
LA HIERBA DORMIDA.
SOBRE LOS PRADOS.

EL VIENTO QUE ESCAPA.
SU LIBRE LOCURA.
DE NIEVE Y ESCARCHA.
SU ANTIGUA HERMOSURA.

Y TODO LO ALCANZA.
Y TODO LO HUYE.
AYER Y MAÑANA.
LO QUE FUE SERÁ.
NO SE DUERME EL NIÑO.
Y LLEGA LA AURORA.
MIS MANOS YA SON.
LAS DE CUALQUIER HOMBRE.

INVIERNO QUE ESPERAS.
PROMESAS DE FUEGO.
TENDRÁS UNA NOVIA.
QUE BESE TU PELO.

QUE TRAIGA ESPERANZA.
A TUS HUESOS MUERTOS.
CUBIERTOS DE LLANTO.
DE CARNE QUE HUYÓ.
Y DUERME ESCONDIDA.
UN SUEÑO DE LUZ.
DE FLORES ABIERTAS.
EN SU JUVENTUD.
LA HIERBA DORMIDA.

YA CIERRA LOS PRADOS.
YA LLEGA EL INVIERNO.

PREGUNTAD A LOS PÁJAROS.

JUSTICIEROS DE LA CARRETERA

JUSTICIERO DE LA CARRETERA.
ÁNGEL INFALIBLE.
QUIÉN RESISTE TU MIRADA.
¿ACASO TÚ?

LAS ACERAS ESTÁN LLENAS.
DE PERSONAS INFALIBLES.

CON UN CLAXON EN LA MANO.

PARA GRITARNOS.

QUE NO MERECEMOS.
EL AIRE QUE RESPIRAMOS.

PERO HAY SITIO PARA TODOS.
EN LA CARRETERA.

DEJAREMOS QUE LOS CAMPOS.
SE VISTAN DE FLORES.

NO SERÁN TODAS.
FLORES PERFECTAS.

HABRÁ FLORES INFALIBLES.
CON UN CLAXON EN LA MANO.

PERO TAMBIÉN FLORES BLANCAS.

QUIZÁS ROTAS.
DE PERFUME.
QUIZÁS TARTAMUDAS.

Aspiraremos su aroma.
Entraremos en su presencia.

Escucharemos su música.
Confiando.

En que la brisa nos aleje.
La mayor parte del tiempo.

De los ángeles del claxon.
Con dicción infalible.

Justicieros de la carretera.
Para siempre.

~

La vida es ahora

La vida es ahora.
Salgamos, amemos.

Salgamos.
Y no preguntemos.

Salgamos.
Y no dividamos.

Salgamos, unamos,
Es nueva la aurora.
Ayer pasó.
Estamos aquí.

Unamos, amemos.
Mañana es posible.

Amemos, unamos.
La hora ha llegado.
La vida es ahora.
Salgamos, amemos.
Vivamos, unamos.

EL MUNDO ESTA TARDE.
NOS SIGUE ESPERANDO.

NOS SIGUE ESPERANDO.
AMEMOS, VIVAMOS.
LA VIDA ES AHORA.
AMOR HA LLEGADO.

MIERDA Y MOSCAS

MIERDA Y MOSCAS.
PERO MIERDA AMADA.

LA MESA ESTÁ PUESTA.
EL POEMA ESCRITO.

SON HUELLAS VISIBLES.
PARA QUIEN TIENE OJOS.

QUIEN TENGA OJOS QUE VEA.
QUIEN TENGA OÍDOS QUE ESCUCHE.

QUIEN TENGA BOCA QUE HABLE.
O QUE CALLE PARA SIEMPRE.

NO TE PREOCUPES.
MIERDA Y MOSCAS.

EL AMOR ESTÁ LOCO.
MIERDA AMADA.

PUES TE MIRA MIENTRAS DUERMES.
MIERDA Y MOSCAS.
Y SALDRÁ EL SOL.
MIERDA AMADA.
UN BANQUETE PREPARADO.
MIERDA Y MOSCAS.

UNA TÚNICA BLANCA.
MIERDA AMADA.

MIERDA Y MOSCAS.
MIERDA AMADA.

MIERDA, PERO QUERIDA.
MIERDA, PERO AMADA,

LAS PALOMAS

SON LAS MISMAS PALOMAS
LAS MISMAS QUE AL PRINCIPIO.

SIEMPRE LAS MISMAS PALOMAS.
A TRAVÉS DE LOS SIGLOS.

SÓLO MUEREN INDIVIDUOS.
LAS PALOMAS SIGUEN.

Y ARRULLAN SU CANTO.
COMO HICIERON Y HARÁN.

UNA SOLA PALOMA.
UNA SOLA HASTA EL FINAL.

FUE LA MISMA TODO EL TIEMPO.
DESDE QUE FUE PALOMA.

UN SOLO SER PALOMA.
UNO SÓLO, NADA MÁS.

SÓLO UN HOMBRE.
UN SOLO ADÁN.

SOMOS UNO, CON EL HOMBRE.
UNO SOLO CON EL HOMBRE.

Y SERÁ EL HOMBRE UNO.
UNO SOLO ES EL HOMBRE.

HE AHÍ LA REDENCIÓN.
HE AHÍ LA NOTICIA.
QUE SERÁ ESCÁNDALO.
LO FUE Y LO ES.

UNO SOLO CON EL HOMBRE.

UNO SOLO ES DIOS.

COMIENZA, AMOR

NO ME INTERESAN LAS OBRAS DE TUS MANOS.
LOS COLORES, LAS ESTRELLAS, EL MAR, LA LUZ, EL CIELO.

BOSQUES, RÍOS, VIENTO, O NOCHE.
NUBES, TORMENTA, SOL Y DÍA.

NO ME INTERESA EL PODER DE TUS COSAS COLOSALES.
ME INTERESA QUÉ ERES, AMOR.

AMOR VENCIDO.
AMOR ROTO.
AMOR DESNUDO.
AMOR EXPUESTO.
AMOR CRECIDO.
AMOR LOCO.
DÍA TRAS DÍA HERIDO.
JAMÁS DERROTADO.
QUE NO ATIENDE A RAZONES.
NI SE FIJA EN LO OBVIO.
NO RECUERDA EL DESVARÍO.
Y COMPRA EL ORO QUE LA RAZÓN DESPRECIA.
QUE NO PUEDE MÁS, NI PUEDE MENOS.
QUE SI A VECES SE ESCONDE.
NUNCA SE PIERDE.

QUE TODO LO ESPERA.
Y ASÍ LO CONVOCA.
QUE CONOCE LAS REGLAS DE AMOR.
Y NO LAS RECHAZA.
NO.
NO TE AMO POR TUS OBRAS, QUE ESTARÁN AÚN POR UN TIEMPO.
DE ESAS COSAS GRANDES NOS SEPARAREMOS.

PARA ALZARNOS EN AMOR.
MÁS GRANDE QUE TUS PLANETAS.

QUE NOS ATRAERÁ.
COMO UN NIÑO QUE VUELA.

EN BRAZOS DE SU MADRE.
DESDE EL SUELO A LO ALTO SE ALZA.
VERTIGINOSO.
Y ES ACOGIDO.

ASÍ, AMOR, ME HAS VENCIDO.
YA NO PUEDO.
SINO ADORAR TU NOMBRE.

TOCA MI FRENTE.
TUS HIJOS SON HIJOS DE AMOR.
SON PARA AMAR.

AMOR MÁS GRANDE QUE LOS ACANTILADOS.
MÁS PROFUNDO QUE LAS GARGANTAS.
MÁS ANTIGUO QUE LOS BOSQUES.

NO SE VE.
NO SE TOCA.
NO SE COME.
NI SE GUARDA.

Y SE VE.
Y SE TOCA.
Y SE COME.
Y SE GUARDA.

SE VIERTE Y SE RECOGE.
ES JAZMÍN Y HIEDRA.
ES CALMA, Y ES TORMENTA.

AMOR ROTO.
AQUÍ ME TIENES.
SÓLO UN HOMBRE.
MENOS NADA.
Y AÚN ASÍ.
OH MISTERIO.
LO QUE TE FALTA.
PARA REÍR.
PARA REÍR, POR FIN.

QUE EL TIEMPO VUELE.
NO ME IMPORTA.
QUE TODO ACABE.
COMIENZA, AMOR.

MENÚ

DE ENTRANTE, ENSALADA DE SOBERBIA, DISPERSIÓN Y PEREZA.
DE PRIMERO, SOPA DE ENVIDIA CON CROUTONS DE RENCOR.
DE SEGUNDO, LASAÑA DE SUEÑOS INCUMPLIDOS, CON DELIRIOS FRITOS DE GRANDEZA.

Y DE POSTRE, HELADO DE DESCONEXIÓN DE LA REALIDAD,
CON CREMA DE CULPABILIZACIÓN DEL OTRO,
Y CANUTILLOS DE PÉRDIDA DEL GOZO.

TODO REGADO CON VINO DE LAMENTOS, AGUA DE LLUVIA
ÁCIDA Y CAFÉ DE REPROCHES CON LECHE CORTADA Y SIN INTERÉS.
DEJAREMOS PROPINA, SIN ALZAR LA VOZ, A ESPERAR UNA
MUERTE, QUE VENGA POR FIN, COMO MANO AMIGA, COMO
NOVIA ESPERADA, COMO UNA LUZ QUE TODOS HUYEN, Y A TODOS ALCANZA.

Y SEREMOS NIÑOS, DESPROVISTOS DE PESO, SIN PLOMO DE

EXPECTATIVAS, QUE SIENTEN EL VIENTO EN SUS CARAS, EL
VIENTO EN SUS MANOS, EL VIENTO, POR FIN EL VIENTO...

ACEPTA EL NUEVO DÍA

HE HECHO EL DÍA NUEVO.
NO ES EL DÍA DE AYER.
HOY TODO ES POSIBLE.
PUEDES EMPEZAR NUEVO, COMO EL DÍA.
ERES TÚ QUIEN ARRASTRA EL PASADO.
ERES TÚ QUIEN IMPIDE LO NUEVO.
EL DÍA NO RECUERDA.
SERÍA TAN FÁCIL.

SI SÓLO VACIASES LOS BOLSILLOS.
HOY TODO ES POSIBLE.
ES UNA OCASIÓN NUEVA PARA TI.
ES NUEVA PARA TI Y PARA MÍ.
PARA MÍ TODO ES NUEVO.
NO RECUERDO EL PASADO.
EL PASADO SÓLO OS OCURRE A VOSOTROS.
NO ESCUCHARÉ TU PASADO.
ESCUCHARÉ TU PRESENTE, HOY.
ESTE NUEVO DÍA.
QUE AHORA COMIENZA.
ES UN REGALO, PARA LOS DOS.
ACÉPTALO.
LO CONTRARIO ES SENCILLAMENTE UN INSULTO.
NO ES DIFÍCIL.
LIBÉRATE. ACEPTA EL NUEVO DÍA.
ACÉPTALO.

ACEPTO EL NUEVO DÍA

ACEPTO EL NUEVO DÍA.
LO ACOJO.
LO QUIERO.

ACEPTO EL NUEVO DÍA.
QUE LLUEVE SOBRE MÍ.
COMO UN AGUA LIMPIA.
QUE CUBRE MI CABEZA.

QUE CORRE POR MI ROSTRO.
Y FLUYE POR MIS MANOS.
Y LIMPIA LA NOCHE.
DE MIS RECUERDOS.

ROMPEREMOS EL SACO.
SOLTAREMOS LOS AGRAVIOS.
COMO PIEDRAS PESADAS.
QUE DEJAREMOS ATRÁS.

CAMINAREMOS DESNUDOS.
CON EL PELO MOJADO.
BAJO LA LLUVIA DE UN NUEVO DÍA.
EN LA PLAYA BLANCA.
DE LA POSIBILIDAD.

ACEPTO EL NUEVO DÍA.
LO ACOJO.
LO QUIERO.

ACEPTO ESTE TESORO.
QUE PONES A MIS PIES.

COMPRENDO AHORA.
QUE LOS PÁJAROS HAN OLVIDADO.
Y CANTAN UN CANTO NUEVO.
CANTAN HOY PARA NOSOTROS.
CANTAN AL NUEVO DÍA.

ES UN CANTO NUEVO.
QUE ESTRENAN HOY.
ELLOS SABEN ESTRENAR.
APRECIAN LO NUEVO.
ACEPTAN LO BELLO.
Y POR ESO HERMOSEAN.

DANOS HOY ESTRENAR.

ACEPTO EL NUEVO DÍA.
LO ACOJO.
LO QUIERO.

OLAS Y ARENA

¿SERÁ HOY?
¿Y QUIÉN LIMPIARÁ EL POLVO DE ESA LÁMPARA?

OTRAS MANOS.

DISTINTAS MANOS, QUE VENDRÁN.
OTRAS MANOS, QUE PASARÁN.

SON OBJETOS OLVIDADOS DE NOSOTROS.
Y NUNCA LES IMPORTAMOS.

OBJETOS QUE SE RÍEN, Y QUE ESPERAN SU TURNO.
UNA VEZ LOS QUISIMOS.

AHORA SE EXHIBEN EN UN MERCADILLO.
Y BUSCAN OTROS AMANTES.

A LOS QUE OLVIDAR.
A QUIENES ABANDONAR.
¿Y SI FUERA YO QUIEN OS ABANDONARA?
MIRAD QUE ME TIENTA HACERLO.
MI CORAZÓN NO ES PARA VOSOTRAS.

SI COMPRENDO ME LEVANTARÉ.
Y AVANZARÉ MÁS LIGERO.

SI FUESE HOY, REGAD LAS PLANTAS.
LAS POBRES NO TIENEN NINGUNA CULPA.

LES BASTA CON UN ALMA.
QUE SE APIADE DE ELLAS.

SED MANOS QUE SE APIADAN.
ESO NO SE OLVIDA.

ESO QUEDA, Y PERMANECE.
EN EL ECO DEL VIENTO.
EN EL PERFUME DEL AIRE.
EN LAS OLAS QUE ROMPEN Y ROMPEN SOBRE LA ARENA.

ELLA SUCEDE DE REPENTE.
Y DICHAS UNAS PALABRAS.
TODOS SE MARCHAN.
PERO UNO SE QUEDA MUERTO.
CON CARA DE IDIOTA.
OYENDO LAS RISAS DE LAS COSAS.
COMO UN CORO DE BURLAS.

OYENDO LAS RISAS DEL COCHE.
LAS RISAS DEL ORDENADOR.
LAS RISAS DEL TELÉFONO MÓVIL.
LAS RISAS DE LAS BISAGRAS.
EN LA TAPA DE UN FÉRETRO.
QUE POR FIN NOS ATRAPÓ.

SI, A MÍ TAMBIÉN.
PERO ANTES QUIZÁS YO.
ME REIRÉ DE VOSOTRAS.
MIRAD, SÓLO TENDRÉIS UN CUERPO DESNUDO.
DESNUDO DEL TODO.
HASTA DE RECUERDOS.
VENDRÉIS SOBRE MÍ.
VIENTO, PERFUME.

VENDRÉIS SOBRE MÍ.
OLAS.
Y ARENA.

~

AHORA QUE TE HAS IDO

AHORA QUE TE HAS IDO, LA HIERBA HA GANADO LA BATALLA.

¿Y CÓMO LA HA GANADO? ¿LA HA GANADO UN POCO?

LA HA GANADO FRANCAMENTE, POR ENTERO, LA HA GANADO PARA SIEMPRE.

HA VUELTO A LO SALVAJE DE SU PRINCIPIO, Y TUS HORAS DE
JARDINERO, TU VIDA ENTERA, NO HAN PASADO PARA ELLA.

SOMETISTE A LAS ZARZAS ALGUNOS AÑOS. SUJETABAS LA
ARGOMA, TE TEMÍAN LOS HELECHOS.

LIBRASTE A LOS ÁRBOLES DE SUS RAMAS SECAS, PIADOSO
CORTABAS SUS BRAZOS ROTOS, PARTIDOS POR EL VIENTO DE LA VIDA.

ARRANCABAS LAS HIERBAS, RECOGÍAS LAS HOJAS, Y EN
VANO TE AFANABAS POR HACER AMABLE EL JARDÍN.

LAS FLORES TRAJERON FRUTA, QUE TE ALEGRABAS EN PRESENTARNOS BREVEMENTE.

PERO AHORA QUE TE HAS IDO LA REINA HIERBA VUELVE, A
SU CORTE DE ZARZAS Y DE ORTIGAS.

LOS ÁRBOLES SUSPIRAN TUS MANOS, COMO LABERINTOS DE
MALEZA A LOS QUE SÓLO LLEGAN LOS PÁJAROS, LOS MISMOS QUE TÚ DECÍAS QUE TE HABLABAN.

TU VIDA NO HA EXISTIDO PARA LA HIERBA, ELLA HA
GANADO LA BATALLA.
TUS MANOS CANSADAS BUSCARON LA MÚSICA, Y TARDE
COMPRENDÍ QUE SÓLO ASEABAN EL JARDÍN DE TU ALMA,
QUE TE LLEVASTE ESA PAZ LABRADA DE AÑOS, Y DE VIGILIAS,
QUE PREPARABAS UNA CASA, ADORNABAS EL RECINTO, PARA LA FIESTA.

AHORA QUE TE HAS IDO, AHORA QUE LA HIERBA HA
GANADO LA BATALLA, LAS HOJAS CUBREN MI CABEZA, Y YA
CRECEN SOBRE MIS BRAZOS, QUE PRONTO SERÁN TAMBIÉN RAMAS SECAS.

Y ME ENTREGO A LA HIERBA, PIADOSA, QUE ME AHOGUE,
QUE SE LLEVE EL VACÍO QUE HAS DEJADO, MIENTRAS TODO
SE OLVIDA, MIENTRAS CRECE ESTE OLVIDO QUE AHORA BESA
MIS PIES COMO LA MADRESELVA, Y SUBE HASTA MIS OJOS,
QUE CIEGOS DE TUS MANOS, YA NO QUIEREN VER.

VEN HIERBA, CÚBREME.

OLVIDO VERDE, REINA OTRA VEZ.

ACEPTO TU PERDÓN

ACEPTO TU PERDÓN.
QUE ME VUELVES A REGALAR.

ACEPTO TU PERDÓN.
SIEMPRE FUE AL REVÉS.

NO HUBO IRA QUE APLACAR.
NO ESPERABAS EMISARIOS.

NI OFRENDAS PURAS.
NI INCIENSOS BLANCOS.

SINO SALISTE A LOS CAMINOS.
SALISTE A LOS CAMPOS.

LA PAZ DE TUS HUELLAS.
TUS NOMBRES SANTOS.

ACEPTO TU PERDÓN
QUE ME VUELVES A REGALAR.
ACEPTO TU PERDÓN.
SIEMPRE FUE AL REVÉS.

No sufriste daño, sí dolor.
Lo nuestro es el daño, lo tuyo el dolor.
El daño nos lo hicimos sólo a nosotros.

Acepto tu perdón
Que me vuelves a regalar.

Acepto tu perdón.
Siempre fue al revés.

Daño y dolor, cosas de Amor.
Así tu pobre corazón, así tus nombres.

Acepto tus nombres.
Amor y Perdón.
Sencillos de obtener.
Y dulces de aceptar.
No buscaste reparaciones.
Dignas de tu altura.

No dijiste "espero vuestras disculpas".
Sino dijiste "aceptad mi perdón".

Acepto tu perdón
Que me vuelves a regalar.

Acepto tu perdón.
Siempre fue al revés.

Y los árboles cantan una voz.
De música en calma.
De viento que sopla.
Que mueve las hojas.
Que dice y susurra.
"Aceptad mi perdón".

Acepto tu perdón
Que me vuelves a regalar.
Acepto tu perdón.
Siempre fue al revés.
Y yo te digo ahora.

ACEPTO TU PERDÓN.
ADORO TU NOMBRE.

ACEPTO TU PERDÓN, QUE CRECE EN MÍ, CUANDO LA HIEDRA DEL TIEMPO SUBE POR MIS PIES.
ACEPTO TU PERDÓN, Y LA SERPIENTE SE DESCONCIERTA, PORQUE NO COMPRENDE DE QUÉ ESTAMOS
HABLANDO.

ELLA QUE NO LO ACEPTARÁ, ELLA QUE SORDA A TU MÚSICA YA NO COMPRENDE NADA.

LA SERPIENTE ESTÁ EN PIE, DE ESPALDAS AL PERDÓN, CASI PERFECTA COMO ES, Y NO COMPRENDE NADA.

POBRE SERPIENTE, SÓLO ERA ESO.

ACEPTO TU PERDÓN
QUE ME VUELVES A REGALAR.

ACEPTO TU PERDÓN.
SIEMPRE FUE AL REVÉS.
Y YO ACEPTO MI HERENCIA.

ACEPTO TU PERDÓN.
ENTRARÉ DESNUDO EN EL ESTANQUE.

SEGUIRÉ LA ESTRELLA, COMO UN ABRAZO DE GOZO, QUE CUBRA NUESTRAS HERIDAS, AHORA QUE
DESPIERTA LA MÚSICA.

ACEPTO TU PERDÓN.
LO ACEPTO, LO QUIERO, LO ADORO.
ACEPTO, SÍ, ACEPTO.
ACEPTO AGRADECIDO TU PERDÓN.

ACEPTO TU PERDÓN
QUE ME VUELVES A REGALAR.

ACEPTO TU PERDÓN.
SIEMPRE FUE AL REVÉS.

Arrugas viejas

Ese tío anda perdido.
O por lo menos lo parece,
En mitad de la lluvia,
Como si no estuviera pasando.

Camina y se empapa,
Camina y se enferma.

Porque espera otras manos.
Para curarle.

Porque espera otras manos.
Y yo me desespero.

Porque espera otras manos.
Y no atiende a razones.

Porque es grande el laberinto.
Y buscamos sentados.
Otro que nos enseñe.
La salida.

Recojo mancos.
Por el laberinto.
Recojo tuertos, cojos, mudos.

¿Es que nadie ve
Lo que está pasando?

Me diste ojos para otros,
Manos para otros,
Pies para otros,
Corazón para otros.

Y ¿qué ha quedado para mí?
Quisiera comer manzanas.

Con una hoguera a mis pies.
Y contar estrellas,
Tras un cristal.

Oler la plancha,
Cómo suspira,

Que quita arrugas.
Al caminar.

Oler la plancha.
Todo está en calma,
Hay esperanza
No hay soledad.

Arrugas viejas.
Que me persiguen,
Descansa un poco.
Y vuelve a empezar.

AÚN AHORA

Todo tenía sentido.
Cuando me enamoré de ti.

Los siglos habían estado tejiendo.
Se preparaban para el momento.

Y por fin naciste tú.
Con tu risa de alondra.
Con tus pequeñas manos.
Lápices por estrenar.
Que dibujaban mi mundo.

Donde ser un guerrero.
Donde ser un cazador.
Donde buscar tesoros.
Para ponerlos a tus pies.

CON SÓLO MIRARTE YA ERA FELIZ.
ESTAR A TU LADO, Y ESPERAR TUS ÓRDENES.

QUE TÚ ME ENVIASES, A COMPRAR UN CHICLE.
SER TU ENVIADO, EL PERRILLO MÁS FELIZ.
EN UN MUNDO DE COLORES.
HECHO PARA NOSOTROS.

ENTONCES LAS FLORES TENÍAN SENTIDO.

PERO LOS PERRILLOS NO SON PRÍNCIPES.
Y EL VOLCÁN DESPERTÓ UN DÍA.
LA COLUMNA DE FUEGO SE ELEVÓ EN EL CIELO.
LAS CENIZAS CAYERON SOBRE MÍ.
MIRÉ DESDE EL OBELISCO.

LOS PEDAZOS ROTOS, LOS CONTINENTES PARTIDOS, LOS ÁRBOLES ARRANCADOS DE RAÍZ.
CON UN CHICLE EN LA MANO.
ERA PARA TI.

TE SEGUIRÉ AMANDO, HASTA EL FIN.
DESPUÉS DEL FIN TE SEGUIRÉ AMANDO.

LA VIDA TIENE SUS PROPIOS CAMINOS.
TODOS LOS MÍOS CONDUCEN A TI.
NO LO ELEGÍ.

AÚN AHORA MIS OJOS EN TUS MANOS.
SON LO ÚNICO QUE QUEDA.
DE MI JUVENTUD.
AÚN AHORA.
BASTARÍA UN GESTO TUYO.
PARA VESTIR ESTOS HUESOS,

DE PLATA Y DE LUZ.

AZUL Y AMARILLO

IREMOS NADANDO.
HASTA LA BOYA AMARILLA.
PERDEREMOS LA MEMORIA.
SI EL AZUL NOS RODEA.
NAVES FENICIAS, SIGLOS DE LUZ.
NOS CONTEMPLARÁN.
EN LA ORILLA HAN QUEDADO.
LAS PALABRAS NEGRAS.

EL FINAL ANUNCIADO.
Y LA ESPERANZA ROTA.

SUEÑOS DE AZUL.
ALMAS PERDIDAS.
NO ME DEJES DE TU MANO.
LLÉVAME CONTIGO.
TENGO ALEGRÍA.
GUARDADA PARA TI.

NO ME LA QUEDARÉ.
TE LA DOY, ES TUYA.

AGUA DE CRISTAL.
LIMPIA MIRADA.

TOMA MI MANO, YO TE LLEVARÉ.

ME QUEDA UN POCO DE VIDA.
EN EL CORAZÓN.
MIENTRAS AVANZA LA NOCHE.

AZUL Y AMARILLO, TÚ Y YO.

CRISTO TE AMA

CRISTO TE AMA.
ES POSIBLE.
HAY MILLONES DE ESTRELLAS.
ÉL TE CONOCE.

NO HAY SEMILLA EN EL VIENTO.
QUE NO BENDIGA SU NOMBRE.
NI UNA BRIZNA DE HIERBA.
QUE ESCAPE A SU DON.

EN LAS GOTAS DE ROCÍO.
EN LAS BRASAS ENCENDIDAS.
EN EL HUMO QUE SE ALZA.
SU PALABRA.

EN EL CAMBIO DE MAREA.
EN LAS AVES QUE CONFÍAN.
EN LA BRISA RENOVADA.
SU PROMESA.

ÉL CONOCE TU VOZ.
Y PENSÓ TUS MANOS.
TE ESCUCHA CUANDO CANTAS.
Y SONRÍE ENAMORADO.

TE ESCUCHA CUANDO CANTAS.
Y EL MUNDO ENTERO CANTA.
TE ESCUCHA CUANDO CALLAS.
SENTADO A TUS PIES.

SOSTIENE TUS LATIDOS.
SIEMBRA TUS SUEÑOS.
Y NO LE QUITARÁN.
TU NOMBRE.

CRISTO TE AMA.
ES POSIBLE.
HAY MILLONES DE ESTRELLAS.
ÉL TE CONOCE.

VEN, REALIDAD

NO MÁS IMAGINACIONES.
VEN, REALIDAD.

NO QUIERO PERDER MI VOZ.
VEN, REALIDAD.

VEN, REALIDAD.
SI ME PIERDO EN MÍ MISMO.

VEN, REALIDAD.
EN MI ABRIGO DE EXCUSAS.

VEN, REALIDAD.
CUANDO FALLO A MI GENTE.
VEN, REALIDAD.

EL SOL SALE Y SE PONE.
VEN, REALIDAD.

LAS NUBES QUE VAN Y VUELVEN.
VEN, REALIDAD.

COBARDÍA DE LA VIDA.
A LAS COSAS POR SU NOMBRE.

SIN QUE BUSQUE OTRO CULPABLE.
VEN, REALIDAD.

VEN, REALIDAD, CÚBREME DE LUZ.
VEN, REALIDAD, SÁCAME DEL SUEÑO.

SÉ LA GUÍA DE MIS MANOS.
VEN, REALIDAD.

SI EL POEMA ES UN ENSUEÑO.
A LA MUERTE DEL OLVIDO.

SI SU VOZ YA NO ES REAL.
AL INFIERNO CON ELLA.

DIOS ES REALIDAD.
ÉL YA AMANECE.

LO DEMÁS ES SÓLO HUMO.
VEN, REALIDAD.

CLAVOS ARDIENTES.
VEN, REALIDAD.

ESPEJISMO AL QUE AGARRARSE.
VEN, REALIDAD.

VIDAS PERDIDAS.
HORAS TIRADAS.

VIDAS QUE NOS PESAN.
VEN, REALIDAD.

VIDAS QUE DETESTAMOS.
VEN, REALIDAD.

HIJOS DEL MIEDO.
VEN, REALIDAD.

NO QUISIMOS DAR BATALLA.
Y BUSCAMOS UN REFUGIO.

EN LA CUEVA DE LO OBVIO.
VEN, REALIDAD.
VEN, REALIDAD
PROTEGIDOS DE LA VIDA.
VEN, REALIDAD.
PON MIS PIES EN MARCHA.

VENCEREMOS AL ENIGMA.

CORREREMOS HACIA ÉL.
PERDEREMOS EL TEMOR.
VEN, REALIDAD.

MIRA BIEN ESTOS PIES MUERTOS.
VEN, REALIDAD.

CANTAREMOS TUS CANCIONES.
VEN, REALIDAD.

CRECEREMOS CON EL VIENTO.

INFLARÁ NUESTRAS VELAS.
Y SEREMOS NOSOTROS.
VEN, REALIDAD.
UNA VOZ SÓLO NUESTRA.
VEN, REALIDAD.

No esta mueca de uno mismo.
Ven, realidad.
No estos cuerpos que aún se mueven.

En sus tumbas prematuras.
Cobardía de la vida.
Ven, realidad.

Con tu presencia

No quiero otras vidas.
Quiero esta vida.
Esta vida soy yo.

No quiero otras luchas.
Quiero esta lucha.
Mi lucha soy yo.

Soy yo el que habla.
Son mis labios.
Es mi boca.

Palabras sin eco.
Salvo para ti.

Mi pobre regalo.
Escrito en papel.

Que pongo a tus pies.

Milagro de tu mirada.
Un regalo inmenso.
Que vuelve sobre mí.

Es asombroso.
Que tú me mires.

Y te digo esto.

ESTO ES TODO.
LO QUE TENGO PARA TI.
ME BASTA CON TU PRESENCIA.
SÍ.
ME BASTA CON TU PRESENCIA.

DAME CHUFLA

DAME CHUFLA.
DAME BENDITA CHUFLA.
Y QUÍTAME ESTOS JUECES.
TAN SEVEROS.

QUE MIS PIES BUSQUEN LA BRISA.
PARA BAILAR CON ELLA.
QUE LA VIDA SON DOS DÍAS.
Y YA VA ENTRANDO EL INVIERNO.

DAME CHUFLA.
DAME BENDITA CHUFLA.

COMO LOS NIÑOS.
QUE ESPERAN SU REGALO.

Y EL TIEMPO HASTA ENTONCES.
SE ALARGA.

EN UNA FIESTA.

Y SU COFRE DEL TESORO.
ESTÁ LLENO DE ILUSIÓN.

ALEGRÍA Y ESPERANZA.
QUE SE ALZAN COMO NIÑAS.
COGIDAS DE LA MANO.

Y BAILAN CON PIES DESNUDOS.

SOBRE LAS FLORES DEL CAMPO.

DAME CHUFLA.
DAME BENDITA CHUFLA.
Y LLÉVATE ESTOS JUECES.
TAN SEVEROS.

CUANDO CAYERON LAS BOMBAS

QUÉ GRAN COSA ES EL SILENCIO.
QUÉ DESGRACIA NO CALLAR.
NO ES ASÍ POR NO SABER,
NO SERÁ POR NO INTENTAR.
ES ASÍ POR NO PODER.
ERA ESO, O ES GRITAR.

LAS PALABRAS COMO BOMBAS.
NOS ATACAN SIN PIEDAD.
SÓLO EN SILENCIO SABREMOS.
QUIÉNES SOMOS DE VERDAD.

EL SILENCIO Y SU CAMINO.
DE CONFIANZA Y SOLEDAD.
ES CARIÑO QUE RECUERDA.
ES CENTRO DE GRAVEDAD.

SON PALABRAS QUE NO CESAN.
ES UN BOSQUE DE DOLOR.
SON PERSONAS QUE SE AHOGAN.
EN UN POZO SIN AMOR.

ES UN BOSQUE DE PALABRAS.
SIN NADIE PARA ESCUCHAR.
UN MUNDO SORDO A LAS VOCES.
DE QUIEN BUSCA A QUIÉN AMAR.

LA AMISTAD Y EL AMOR,
NOS VENDRÁN A RESCATAR,

Y EL CARIÑO DE SU ABRAZO
NOS TRAERÁ POR FIN SILENCIO.
SILENCIO QUE SÓLO ES SILENCIO.
SI SILENCIO ACOMPAÑADO.
REGALAREMOS SILENCIO.
YA HABRÁ TIEMPO PARA HABLAR.
CUANDO VUELVA LA MÚSICA, QUE HUYÓ ASUSTADA.
CUANDO CAYERON LAS BOMBAS.

CUANDO EL TIEMPO SE ACABA

CUANDO EL TIEMPO SE ACABA.
Y NOS UNE EL SILENCIO.
QUEDAN ALEGRES.
LOS AMANECERES.
QUEDAN ALEGRES LAS OLAS.
QUE VUELVEN NUEVAS.
HACIA UNA ORILLA.
QUE LAS ESPERA.
Y QUE NO ENCUENTRA.
QUIEN LA FECUNDE.
VUELVEN NUEVAS.

Y NOSOTROS VIEJOS.
CANSADOS DE OLAS.
Y DE AMANECERES.
SIN CUERDA EN UN RELOJ.
DE TIEMPO QUE SE ALARGA.
QUE YA NO QUEREMOS.
PARA NOSOTROS.

TIEMPO PARA DAR.
LA BELLEZA ESPERA.
Y YA NO NOS BASTAN.
LAS COPIAS.
DIBUJOS DE TIZA.

SOBRE UN PAPEL.
SALPICADO DE MAR.
EL TIEMPO SE ALARGA.
Y SOÑAMOS LAS MANOS.
UNA FUENTE DE OLAS.
Y AMANECERES.
CUANDO EL TIEMPO SE ACABA.
Y NOS UNE EL SILENCIO.
QUEDAN ALEGRES LAS OLAS.
ALEGRES LOS AMANECERES.

CUANDO TODO EMPEZÓ

ESTÁS EN BLANCO.
NO SABES POR DÓNDE EMPEZAR.
EMPIEZA.
YO GUIARÉ TUS MANOS.
YO SOSTENDRÉ TU PULSO.
YO ENVOLVERÉ TU PRESENCIA.
CON UN MANTO DE ESPERANZA.

ERES PARA TUS HERMANOS.
ERES PARA MIS HIJOS.
ERES PARA MÍ.
ES ENTONCES CUANDO ERES.
Y SI NO, NO EXISTES.
CUANDO SEAS DE VERDAD.
ESTARÁS EN LAS ROCAS.
ESTARÁS EN EL AGUA.
ESTARÁS EN EL CANTO DE LOS PÁJAROS.
DESDE DONDE TE PENSÉ.
CUANDO TODO EMPEZÓ.

DESPUÉS DE TU PALABRA

DESPUÉS DE TU PALABRA.
NO HAY NADA QUE DECIR.

SINO AGRADECER EL ALIENTO QUE ME MANTIENES.
SINO SENTARSE A CONTEMPLAR QUÉ HERMOSA ES LA GENTE.

MÁS QUE LOS ÁRBOLES.
MÁS QUE EL VERDE EN SUS HOJAS.
QUE TE ADORAN, ARRODILLADAS.

SIN AÑADIR NI QUITAR, SIN CONDENAR NI ABSOLVER.

TU PALABRA VASTA,
BASTA Y SOBRA.

DESPUÉS DE TU PALABRA
NO HAY NADA QUE DECIR.

DAME TU NOMBRE

DESACTIVA ESTA ESPOLETA.
QUE LA TENGO LLENA DE JUICIO.
QUE LA TENGO LLENA DE CONDENA.
QUE LA TENGO LLENA DE REPROCHE.

MIRA CÓMO SE AGAZAPA Y SE PREPARA.
Y YA ALIMENTA FRUTOS DE RECHAZO.

LLÉVATE PIADOSO.
ESTE AFÁN DE DOMINIO.

LA LEPRA DE LAS COSAS.
DE LA FAMA Y EL RECUERDO.

Y DAME TU NOMBRE.
A TRAVÉS DE LOS CAMPOS.
DAME TU NOMBRE.

EN LA SOMBRA DEL ÁRBOL.
EN EL NIDO EN QUE DUERMEN.
ALAS QUE ESPERAN.
TU ROSTRO.

TÚ ME CONVOCASTE.
ME SACASTE DE LA NADA.
Y ME DISTE LA PALABRA.

¿ES QUE ACASO PUEDO SORPRENDERTE?

¿ES QUE NO SABES AÚN LO QUE VOY A DECIR?

SÓLO PUEDO ACOGERME A TU NOMBRE.
A TRAVÉS DE LOS CAMPOS.
Y BUSCAR TUS PASOS.
Y MIRARTE EN LAS HOJAS.

AQUÍ ESTOY, NO ME DEJES.
SÍ... AQUÍ ESTOY.
MÍRAME.

DESCUBRIR ES RECORDAR

DESCUBRIR ES RECORDAR.
CAMINAR DENTRO DE DIOS.

ESTA MAÑANA DIOS ES UN CAMINO.
QUE SE ADENTRA EN LO PROFUNDO.

EN EL BOSQUE, SIEMPRE NUEVO.
DE LA LUCHA POR LA VIDA.

VIVIRÉ LOS MONTES.
Y LOS DEJARÉ.

O QUIZÁS ME DEJARÁN.

VIVIRÉ LOS ÁRBOLES.
Y LOS DEJARÉ.

O QUIZÁS ME DEJARÁN.

YO PASÉ POR ALLÍ.
ESTABAN VESTIDOS DE GALA.
ANTES TAMBIÉN.
AHORA, Y MAÑANA.
LISTOS PARA TI, Y PARA MÍ.
ESPERAN.
ESPERAN A LOS HOMBRES.
Y LOS SUEÑAN.

CAMINOS QUE FUERON ANDADOS.
POR PIES SIEMPRE NUEVOS.

FIESTA QUE SE DESPIERTA.
CON EL SOL, CADA MAÑANA.

EL QUE TENGA OJOS, QUE MIRE.
EL QUE TENGA OÍDOS, QUE OIGA.

ES UN MUNDO DE BELLEZA.
EN LA CASA DEL CORAZÓN.

POBRE DESVÁN.
DE LA CABEZA.

TANTOS TRASTOS OLVIDADOS.
VIEJA MEMORIA.
QUE YA NO RECUERDA.
NO TEMAS.

TENDRÁS QUIEN TE PERFUME.
RECORDAREMOS LOS MONTES.

RECORDAREMOS LOS BOSQUES.
RECORDAREMOS LAS MANOS.
Y SALDREMOS AL CAMINO.
ELLAS SE POSARÁN.
SOBRE NUESTRO PELO.
YA ANHELAMOS SUS PALMAS.
QUE BESAREMOS.
AGRADECIDOS.
SEREMOS NOTAS.
QUE FLOTAN EN EL VIENTO.
SEREMOS GOTAS.
QUE SE BUSCAN SOBRE UN CRISTAL EN NUESTRAS ALMAS.
QUE SE BUSCAN, Y SE ENTREGAN, Y SE UNEN.
Y SON UNA GOTA.
TRES GOTAS, Y UNA SOLA GOTA.
A LA CUAL NACEREMOS.
EN UN LAZO TRANSPARENTE.
DE AGUA, JOVEN Y ANTIGUA.
LLUVIA LIMPIA, LLUVIA NUEVA.
SOBRE LOS MONTES.
SOBRE LOS BOSQUES.
DESDE UNAS MANOS.
QUE DESCUBRIMOS.
QUE RECORDAMOS.
Y QUE ANHELAMOS.
HOY SALDRÉ DE NUEVO A LOS CAMINOS.

RECORDAR ES DESCUBRIR.
CAMINAR DENTRO DE DIOS.
HEREDAR LA SABIDURÍA.
QUE NOS PERTENECE.
Y QUE CADA DÍA.
NOS ESPERA.
QUIZÁS MAÑANA.

NOS ENCONTRAREMOS.

Despertar es comprender

Acabo de despertar.
Lo pasado ya pasó.
Y el sol, que se alza.
Anuncia que la vida.
Es movimiento.

Que sus ojos miran.
Hacia adelante.
Que sus hijos esperan.
El nacimiento.

Y mi forma perdida.
Recuerda su nombre.
Que hoy pronuncias. Amorosamente.
Volveré a empezar.
Aún queda tiempo.
Despertar es comprender.
Comenzar de nuevo.

Diminutos del aire

Agua limpia.
Pies cansados.
Sombra fresca.
Sobre los prados.

Agua viva.
Campos segados.
Ciclo que vuelve.
Nuevo regalo.

El viento no se marcha.
Vuelve siempre.
Viene de donde él sabe.

VA A DONDE ÉL QUIERE.
LA LUZ RIEGA LOS ÁRBOLES.
DE SOMBRA Y CRISTAL.
SUS BRAZOS SE EXTIENDEN.
DE VERDE Y VIENTO.

SON LOS MISMOS GORRIONES.
ELLOS NO LO SABEN.
PERO SON VIEJOS.
COMO LA TIERRA.

SUS PADRES APRENDIERON.
CUANDO TODO EMPEZÓ.

CANTOS Y VUELOS.
GRACIA Y VALOR.

DIMINUTOS DEL AIRE.
Y AIRE QUE LES SOSTIENE.
AGUA LIMPIA.
PIES CANSADOS.
SOMBRA FRESCA.
SOBRE LOS PRADOS.

AGUA VIVA.
CAMPOS SEGADOS.
CICLO QUE VUELVE.
NUEVO REGALO.

DIOS ES DARSE

DIOS ES DARSE.
EN COMUNIDAD DE PERSONAS.
QUE SE RELACIONAN.
ÉL ES RELACIÓN.

LA CASA DE SU SANTIDAD.
SIEMPRE FUE RELACIONAL.

Y TANTO MÁS SE RELACIONA, CUANTO MÁS SE SANTIFICA.
Y TANTO MÁS SE SANTIFICA, CUANTO MÁS CRECE.

POR ESO LA CREACIÓN.
ALTERIDAD QUE VIENE, RELACIÓN DE DIOS.
LA RELACIÓN ES EXPANSIVA.
LA RELACIÓN CRECE Y GENERA.
LA RELACIÓN ES UN BARCO.
QUE NAVEGA EL SERVICIO.
Y NAVEGA LA ENTREGA.

NAVEGA ENTRE LAS OLAS.
OLAS QUE SOSTIENE.

NAVEGA Y AMANECE.
Y NO SE DETIENE.
NAVEGA Y ESPERA.
SENTADO A TUS PIES.
Y LAVA TUS OJOS.
Y LLUEVE EN TUS MANOS.
NAVEGA TUS HORAS.
QUE LLEGAN A PUERTO.

CARGADAS DE RECUERDO.
Y VUELVEN A CASA.

NAVEGA Y LA ESTELA.
REPITE EN SILENCIO.

QUE DIOS ES DARSE.
DIOS ES DARSE.

AYER, AHORA Y SIEMPRE.
DIOS ES ESO, SÓLO ESO.
DIOS ES DARSE.

Dios está a la puerta

Dios está a la puerta.
Su nombre es santo.
No lejos, cercano.
No fuera, dentro.

Él te sostiene.
Sus dedos sobre ti.
Tocan cada cabello.
Que crece en tu cabeza.

No busca intermediaros.
Sólo servidores.
No para sí.
Sino para los otros.
No busca traductores.
Busca quien escuche.
Manos donde nazca.
Su Palabra.
No busca intérpretes.
Sólo corazones.
Brazos que defiendan.
A los otros.

No busca adoradores.
No está ensimismado.
Sus ojos excéntricos.
Miran siempre al otro.

El otro lo es todo.
Por eso existimos.
En eso consistía.
Crecer hacia el otro.

La entrega es la esencia.
Imagen y semejanza.

QUE NOS RECOGE Y ABRAZA.
QUE NOS CONOCE Y ANHELA.

NI PUENTES NI EMBAJADORES.
JAMÁS HICIERON FALTA.
NI OFRENDAS NI SACRIFICIOS.
SINO MISERICORDIA.

DIOS ESTÁ A LA PUERTA.
SIN CEREMONIAS.
ME ACOJO A SU NOMBRE.
SOBRE MIS HOMBROS CANSADOS.

DIOS ESTÁ A LA PUERTA.
SU NOMBRE ES SANTO.
NO LEJOS, CERCANO.
NO FUERA, DENTRO.

EL MAR FUE TESTIGO

TE RECIBO EN ESTE DESIERTO.
REVERDECE TÚ LAS RAMAS SECAS.

LAS HOJAS MUERTAS, LA TIERRA QUEBRADA.
HAZ BROTAR AGUA, QUE MOJE EL POLVO.

QUE LO CUBRA DE CRISTAL, CON SU MANTO FRESCO.
LO TRANSFORME,
TRANSPARENTE, LO PREPARE.

TE RECIBO EN ESTA CUEVA DE LADRONES.

HABLA TÚ CON ELLOS.
PARA QUE COMPRENDAN.

QUE LOS TESOROS ERAN PERSONAS.

QUE LA GENTE ERA EL TESORO.
Y LO DEMÁS FUE DECORADO,

NOS SENTAREMOS A ESCUCHARLES.
DISFRUTAREMOS DEL TEATRO.

DE ESTAS VIDAS ENTRELAZADAS.
CANCIONES ANTES CANTADAS.
EL MAR FUE TESTIGO.
Y LAS MONTAÑAS.

SI TRISTES O ALEGRES.
CANCIONES CANTADAS.

QUE ESTÁN EN EL VIENTO.

EL MAR FUE TESTIGO.
Y LAS MONTAÑAS.

EL CIELO

¿ME PREGUNTAS QUÉ ES EL CIELO?
EL CIELO ES UN LUGAR PEQUEÑITO.
UN LUGAR DONDE HABITAS, UN HOGAR DE ENCUENTRO.

SI NO ESTOY PARA NADIE.
YO NO QUEPO EN EL CIELO.
SI YO CIERRO LAS PUERTAS.
YO NO QUEPO EN EL CIELO.

AISLADO EN MI TORRE.
YO NO QUEPO EN EL CIELO.

SI SON SÓLO CEREMONIAS.
NO ME DOY POR ENTERO.
CON MI EGO TAN GRANDE.
YO NO QUEPO EN EL CIELO.

CON MI YO TAN SEVERO.
YO NO QUEPO EN EL CIELO.
UN LUGAR PEQUEÑITO.
UN LUGAR DE ENCUENTRO.
UN OLVIDO ENTERO.
UN ENCUENTRO INMENSO.
LA ALEGRÍA DEL OTRO.
EN SU BIEN EL NUESTRO.
ES IMAGEN Y SEMEJANZA.
UN PLACER INMENSO.

ES ESTAR AL QUITE.
UN AMOR SINCERO.
LA ALEGRÍA EN EL OTRO.
QUE ACRECIENTA EL FUEGO.
CORAZONES QUE CANTAN.
RESUCITAN NUEVOS.
UN LUGAR QUE TÚ VES.
SI LO MIRAS DENTRO.

EL PREMIO ES EL SERVICIO

IMAGEN Y SEMEJANZA.
EXILIO DE UNO MISMO.
POR ESO EXISTE EL CIELO.
EL PREMIO ES EL SERVICIO.

POR ESO SALE EL SOL.
AL QUE DESPIDE LA LUNA.
PARA ESO LAS MANOS.
EL PREMIO ES EL SERVICIO.
ÁRBOLES, Y FRUTA.
OLAS Y NIDOS.
IMAGEN Y SEMEJANZA.
EXILIO DE UNO MISMO.

EL GOZO DEL ENCUENTRO.
ALEGRES LOS OLVIDOS.

QUE HABITAN EN TU REINO.
EL PREMIO ES EL SERVICIO.

Y NOSOTROS.
DEJAREMOS.
QUE LOS MUERTOS.
ENTIERREN A SUS MUERTOS.

PARA SALIR DE NOCHE.
A LA PAZ DE TU PRESENCIA.

EN CAMINOS ABIERTOS.
DE ESTRELLAS QUE SUEÑAN.
VOLVER A TI.
DONDE SE APAGA EL TUMULTO.
Y LA TORMENTA CESA.

DONDE AHORA, AYER Y SIEMPRE.
EL PREMIO ES EL SERVICIO.

DONDE EL PREMIO ES.
COMO ERA EN UN PRINCIPIO, AHORA, Y SIEMPRE.
EL SERVICIO.

EL JUICIO

PÍNTAME UN CUADRO DEL CIELO.
¿DEL CIELO?

EN EL CIELO NO HAY QUE ESPERAR.
NO HAY LARGAS COLAS.
NO HAY VALLAS, NO HAY ALAMBRADAS.
NO HAY PUERTAS, NO HAY VENTANAS.
NO HAY TIEMPO, TODO OCURRIÓ.
EL TIEMPO Y EL NO TIEMPO COINCIDEN.
ESTÁN PASANDO AHORA MISMO.

SALDRÁS DEL TIEMPO, Y ESTARÁS EN EL NO TIEMPO.
POR ESO NO NECESITARÁS ESPERARNOS.
AQUÍ, TODO HA OCURRIDO.

NO HAY MAÑANA, NI AYER, NI DESPUÉS,
NI DURANTE, NI ANTES.

SÓLO HAY AHORA.
AHORA, TODO HA OCURRIDO.
NOS HEMOS ENCONTRADO DE NUEVO.

¿Y EL JUICIO?
¿EL JUICIO?... ¿QUÉ JUICIO? ¡AH!
LOS CASTIGOS, LOS REPROCHES, LAS CONDENAS, LAS
REPRESALIAS, LOS OLVIDOS, LOS ABANDONOS, LOS
ENCIERROS, LOS CALABOZOS, ESTÁN TODOS EN EL TIEMPO.

EL CIELO ES PERDÓN, EL CIELO ES ENCUENTRO, EL CIELO ES ABRAZO, EL CIELO ES
ABSOLUCIÓN, EL CIELO ES NO TENER
EN CUENTA.

AQUÍ NO HAY TIEMPO PARA ESO.

EL CIELO ES ALEGRÍA, EL CIELO ES LOCURA, EL CIELO FUE
SIEMPRE PARA NOSOTROS.

PODRÁS O NO ENTERARTE.

PERO DIOS ESTÁ SIEMPRE CONTENTO.

EL SOL SALE SOBRE NUESTRAS CABEZAS,
Y NO PODEMOS EVITARLO.

EL BIEN AMANECE SOBRE NOSOTROS,
TAMBIÉN AL FINAL, CUANDO CERRAMOS LOS OJOS.

DIOS AMANECE, Y NO PODEMOS EVITARLO.

EL CIELO AMANECE EN NOSOTROS,
AMANECE EN NOSOTROS.

TODO HA OCURRIDO.

HA SIDO UN MILAGRO PATENTE.

Y NO PODEMOS EVITARLO.

ENTREGA EL TESORO

SI YO FUESE EL DUEÑO.
QUÉ NO OS DARÍA.

SI YO FUESE EL DUEÑO.
NADA OS QUITARÍA.

NADA QUITA QUIEN ES DUEÑO.
SÓLO COGE LO QUE ES SUYO.

NUESTRO ERROR ES APROPIARNOS.

ACTUAR COMO LOS DUEÑOS.
CUANDO SOMOS INVITADOS.

NOS AFANAMOS.

COMO SI DEPENDIESEN DE NOSOTROS.
LAS COSAS DEL DUEÑO.
NOS PREOCUPAMOS.
POR SI PERDEMOS ALGO.

QUE EN EL FONDO, Y EN LA FORMA.
QUEDA FUERA DE NOSOTROS.
QUISIÉRAMOS TENER ATADOS.
LOS CABOS EN NUESTRAS MANOS.
Y OLVIDAMOS LO QUE SOMOS.
OLVIDO Y NADA.
LLAMA Y FUEGO.

QUE SE ENCIENDE Y SE APAGA.
CUANDO SOPLA EL TIEMPO.

YA SE ESCAPA LA LIEBRE.
EN TRES SALTOS SE FUE.
Y DEJA SOLAS LAS SENDAS.
POR LAS QUE YO PISÉ.

EL DUEÑO DA LO QUE ES SUYO.
DON QUE RECIBIMOS.
SI LO ACEPTAMOS.

DON QUE SE ACRECIENTA.
SI LO ENTREGAMOS.

FUEGO QUE SE EXTIENDE.
LLAMA QUE SE ALARGA.

PECES Y PANES.
QUE SÓLO ENTREGADOS.
SE MULTIPLICAN.

ENTREGA EL TESORO.
SÓLO ES TESORO.
SI LO ENTREGAS.

Y ASÍ LA VIDA.

REGRESA A CASA.

DE DONDE SALE.
DONDE HABITA,
POR SIEMPRE.
Y PARA SIEMPRE.
LA CASA DE LA VIDA.

ERES MI PEQUEÑA

ERES MI PEQUEÑA.
OTRAS HABLARÁN COMO TÚ.
TENDRÁN MANOS, BRAZOS Y PIERNAS.
PELO Y DIENTES, UÑAS Y LENGUA.
NARIZ, DEDOS, OJOS Y OREJAS.
PERO TÚ, ERES MI PEQUEÑA.

ERES MI PEQUEÑA.
CRECIDA EN MI CORAZÓN.
MI VIDA TE ACOMPAÑÓ.
GUARDASTE MI TIEMPO.
EN UNA CAJA, COLOR AZUL.

ERES MI PEQUEÑA.
SÓLO UNA VIDA, Y UNA PEQUEÑA.
NADIE TENDRÁ MI JUVENTUD.
EN TI HE CONOCIDO.
EL UNIVERSO.
TUS MANOS.
TU CUELLO.
EL UNIVERSO.

EL UNIVERSO, ANTES, DESPUÉS Y AHORA.
EL UNIVERSO, DENTRO DE MIL AÑOS.

VAMOS A DAR UN PASEO.
ESTÁ REFRESCANDO.
Y VA A ENTRAR LA NIEBLA.
LA NIEBLA SOBRE TUS PIES Y LOS MÍOS.

NIEBLA DEL TIEMPO, NUNCA PERDIDO, LA MISMA NIEBLA, EL MISMO OLVIDO.
VAMOS, PEQUEÑA.
QUE YA HACE FRÍO.

ESA CHICA ES UN ACIERTO

ESA CHICA ES UN ACIERTO, ÁMALA.
ES REAL, NO ES UN CONCEPTO, ÁMALA.
ÁMALA SIN ENTENDER, ÁMALA SIN PREGUNTAR, ÁMALA TAL COMO ES, ÁMALA.

NO TE ESPERES, ES TU DÍA, ÁMALA.
NO RECUERDES TUS HERIDAS, ÁMALA.
HAZLO SIN DESFALLECER, ÁMALA Y FLORECERÁS, NO TE
IMPORTE SI ES LOCURA, ÁMALA.

SI YO SIGUIERA TUS PASOS.
QUÉ JARDÍN ME ESPERARÍA.
SI A TU PUERTO ME ACOGIESE.
AGUA LIMPIA BEBERÍA.

ESA CHICA ES UN ACIERTO, ÁMALA.
ES REAL, NO ES UN CONCEPTO, ÁMALA.

ÁMALA AL ATARDECER, Y TAMBIÉN AL CLAREAR, NO
BUSQUES OTRA SALIDA, ÁMALA.

POR LAS FUENTES DE LA VIDA, ÁMALA.
PORQUE ELLA EN TI CONFÍA, ÁMALA.

ÁMALA SIN RESPONDER, ÁMALA SIN DESCANSAR,
USA TODA ARTILLERÍA, ÁMALA.

ESA CHICA ES TU VIDA, ÁMALA.
NO LA JUZGUES, NO LA ENTIENDAS, ÁMALA.
CONTRA EL VIENTO Y LA MAREA, EN CALMA Y EN TEMPESTAD,
ESTABA ESCRITO EN LA ARENA, ÁMALA.

SI YO SIGUIERA TUS PASOS.
QUÉ JARDÍN ME ESPERARÍA.
SI A TU PUERTO ME ACOGIESE.
AGUA LIMPIA BEBERÍA.

Eucaristía

Eucaristía es tu tiempo.
Eucaristía son tus manos.
Eucaristía tus pies.
Eucaristía tu corazón.
Eucaristía son tus bienes.
Eucaristía los otros.
Eucaristía el encuentro.
De bendición y perdón.

Hay un lienzo

Hoy es un lienzo sin pintar.
Está todo preparado.

Puedes usar el negro.
O el blanco.
O buscar los colores.
Tú decides.

Los colores existen.
Están dentro de ti.

Mira dentro.
Hay colores.

Rompe la rutina.
Lo nuevo hoy es posible.

Colores posibles.
Lienzo nuevo.

Hay un lienzo cada día.
Y los niños esperan.
Pobre negro.
Condenado a sí mismo.

CÓMO DETESTA LA VIDA.
CÓMO QUERRÍA EXTENDERSE.
Y QUE TODO ACABASE.

HAY UN LIENZO.
SÉ VALIENTE.
ENCONTRARÁS LOS COLORES.
ELLOS TE SUEÑAN.
USA LOS COLORES.
NUEVAMENTE.

HAY UN LIENZO, HOY ES NUEVO.
HAY UN LIENZO.
ES POSIBLE.

IMAGEN Y SEMEJANZA

CORDERO DE DIOS.
QUE RECUPERAS NUESTRA IMAGEN Y SEMEJANZA.
TEN PIEDAD DE NOSOTROS.

CORDERO DE DIOS.
QUE RECUPERAS NUESTRA IMAGEN Y SEMEJANZA.
TEN PIEDAD DE NOSOTROS.

UN SOLO DIOS, UN SOLO HOMBRE.
QUE RECUPERAS NUESTRA IMAGEN Y SEMEJANZA.
DANOS LA PAZ.

La frente de todos

Sobre ti.
Sobre mí.
Sobre todos.

Se posará

Sobre ti.
Sobre mí.
Sobre todos.

Para besar nuestra frente.

Dicen que es sólo aquí.
Dicen que hay un allá.

Donde ella nunca más.
Ella nunca más.

Somos tantos...
¿No es así?

¿Por qué pensamos
que somos tan únicos?

Tontos afanados.
Tantos miles de millones.

Y todos tan únicos...

O quizás no tanto.

Sed de individualidad.
Sed de ojos para el yo.

Oídos para el yo.
Cosas para el yo.

SÓLO PARA MÍ.
TODO PARA MÍ.

YO, ME, MÍ.
SÓLO PARA MÍ.
TODO PARA MÍ.

DIOS SANTO, QUÉ ABURRIDO.
EL PREMIO PARA MÍ.
LAS CÁMARAS PARA MÍ.

EL CENTRO DE ATENCIÓN.
DIOS MÍO, QUÉ ABURRIDO.

YO NO QUIERO SER YO.
OTRA VEZ YO.
QUÉ ABURRIMIENTO,

NI AHORA AQUÍ.
NI LUEGO ALLÁ.

QUIERO SER TODO CONTIGO.

TODO CONTIGO.

DONDE TE RECONOZCAS.

TODO CON VIVOS Y MUERTOS.

SER EL HOMBRE, NO UN HOMBRE.

SER CON LA HUMANIDAD.

UN SOLO HOMBRE, MILES DE PERSONAS.

TODO CONTIGO.

SOBRE MÍ.
SOBRE TI.
SOBRE TODOS.

ELLA DESCENDERÁ.
PARA BESAR NUESTRA FRENTE.
UNA MISMA FRENTE.
LA FRENTE DE TODOS.
UNA SOLA.

HOLA, PAJARITO

HOLA, PAJARITO.
SIÉNTATE EN MI ALMOHADA.
ENTRA DENTRO DE MI SUEÑO.
REZARÁS POR MÍ.
CON TUS ALAS COMO FLECHAS.
CON TU PICO COMO UNA ESPADA.
PAJARITO, CON TUS OJOS BREVES,
VOLARÁS SOBRE MÍ.
NO TENGAS MIEDO DEL GIGANTE.
SÓLO ES UN NIÑO ABANDONADO.
QUE MIRA AL PASADO.
MANCO DE RISAS Y GOZO.
DE AÑOS QUE VENDRÁN.
PAJARITO, VENDRÁS.
PAJARITO, LIBRE.
PAJARITO, ESCUCHARÁS MI VOZ.
TOMA ESTE LLANTO, LLÉVATELO.
Y MUÉSTRAME.
TUS MODOS AÉREOS.
POR FAVOR.

Y que encuentres hoy la fuente

Y si fuese hoy llegado el día.
En que cesa su vuelo el pájaro.
Los pies de barro.
Las manos sucias, El paso cambiado.

Y que encuentres hoy la fuente.
Y un agua que salta desnude tu cuerpo.
Cierre piadosa tus ojos.
Bendita, silente.
Y que encuentres hoy la fuente.
Limpia, transparente.
Ya fluyen nuevas.

Bendiciones, absolución.
Pasado y presente.
Y que encuentres hoy la fuente.

Sientas el frío.
Que besa tu frente.
Libertad de lo indigno.
Y que encuentres hoy la fuente.

Que lleve el sueño.
Cruzando el puente.

Y que encuentres hoy la fuente.
Que lleve lo seco, lo duro, lo muerto.

Bendita, paciente.
Y que encuentres hoy la fuente.

La libertad

Entra, Ladrón.
Y róbame
mis necesidades.

Mis seguridades.
Mis respuestas aprendidas.
Son el mismo desorden.

Abre los cajones.
Mira lo escondido.
Y corta estos lazos que me retienen.

No quiero nada.
Que no sea esencial.

Que se repartan mi ropa.
Que mi camisa la echen a suertes.

Tantas veces.
Me lleno los bolsillos.
De piedras.

Querer menos.
Buscar menos.
Hallar más.

Cargar menos.
Temer menos.
La Libertad.

LA VIDA VA A OCURRIR

LA VIDA VA A OCURRIR.
DESATA EL NUDO DEL PASADO.
COMO UN SEDAL ENREDADO.
DE ANZUELOS REVUELTOS.
Y DÍAS CARGADOS.

DESATA EL NUDO DEL PASADO.
CORTA EL SEDAL DEL TIEMPO.

LA TARDE NO TIENE MEMORIA.
ESPERA TUS OJOS, Y CANTA PARA TI.

NO TIENE MEMORIA.
Y VIENE A BUSCARTE.
TOCADA DE COLONIA.
DESATA EL NUDO.

PEINADA DE FLORES.
CORTA EL SEDAL.
SUS PIES EN EL RÍO.
SE LLEVA EL RUIDO.
LAS BURLAS, LOS MIEDOS, LAS EXCUSAS, EL FRÍO.

VESTIDO Y PERFUME, CANTAN PARA TI.
QUE LA VIDA VA A OCURRIR.
LO DEMÁS YA PASÓ.

CORTA EL SEDAL DEL PASADO.
BASTA UN GESTO.
UN MOVIMIENTO.

ERA UN PESO, Y ESTÁ MUERTO.
CÓRTALO, LÁNZALO AL VIENTO.
LA VIDA A TU PUERTA.
ESTA TARDE ES UNA NOVIA.

VESTIDA DE ESPERANZA.
AGUARDA, Y ANSÍA.

SUEÑA TUS PASOS.
ANTE LA MONTAÑA.
CON ELLA EN EL RÍO.
DESNUDAS LAS MANOS
VACÍAS DE RUIDO.
DE NUBE Y TORMENTA.
DE MIEDO Y FRÍO.

LAS NUBES
(EL SEVILLANO DECÍA GOLONDRINAS)

QUIÉN ME DEVOLVERÁ LAS NUBES DE ESTA TARDE.
JAMÁS VENDRÁN OTRA VEZ.

COMO NIÑAS PINTADAS.
PARA UNA FIESTA.

VOLVERÁN OTRAS NUBES, SU VUELO LENTO, EL BAILE ANTE
NUESTROS OJOS.

PERO NO LAS NUBES DE ESTA TARDE.
ESAS QUE HOY SE VISTEN PARA TI Y PARA MÍ.
LA VIDA ES URGENTE, LA VIDA ES AHORA.
EL ESPECTÁCULO ESTÁ OCURRIENDO.
Y ES UN INSULTO VOLVER LA ESPALDA.
NO BUSCARÉ OTROS ESCENARIOS.
ES AQUÍ, ES AHORA.

AHORA O NUNCA SER FELIZ.
AQUÍ Y AHORA.
ESTARÉ ATENTO.

NO DEJEMOS ESCAPAR.
LAS NUBES DE ESTA TARDE.

Nos iremos juntos.
Tú y yo.
Cogidos de la mano.

Donde las nubes se alegran.
De ser para nosotros.
Benditas nubes.
No os vayáis.
Benditas nubes.
Aquí estamos.

LOS REPROCHES

Los reproches son como piedras afiladas que hieren
nuestras manos al lanzarlas.

Se parecen a vampiros que salen de la cueva de
nuestras bocas, dispuestos a clavar su daño en el
otro, pero después regresan a su morada.
Nuestras lenguas, como un sepulcro de deyecciones
Nuestras lenguas, como guaridas de fieras y de
Látigos para uno mismo.
Allí donde la espalda del otro en realidad siempre fue
nuestra espalda.

Sólo el olvido, con su luz cegadora, podrá
destruirlos, para liberarnos.

Sólo bajo su luz brotarán flores nuevas en el árbol
del perdón.
Olvido y perdón se cogen de la mano.
Sólo en su fragancia vuelve la sonrisa.
Ven, olvido, libéranos, queremos cantar una canción.
Nacimos para cantar, sólo queríamos eso.
Ven, dulzura, mira nuestras pobres lenguas, ven
Amor, libéranos.

LOS CUIDADOS DEL VIENTO

NACÍ SIN PEDIRLO.
DESNUDO DE OPINIÓN.
EN ESO NOS PARECEMOS.
NI SIQUIERA TE CONOZCO.
Y HAY TANTAS COSAS.
EN LAS QUE NOS PARECEMOS.

NOS BESARÁ EL TIEMPO.
NOS DESVESTIRÁ.
CON SU DESPIDIDA.
ELLA VIENE EN SOLEDAD.
Y NOS ARRANCA DEL RUIDO,
SIN QUE PODAMOS.
PARAR SUS PIES.
POR OCUPADOS QUE ESTEMOS.

AUNQUE TENGAMOS.
UN PASTEL EN EL HORNO.
ELLA VIENE EN SOLEDAD.
Y DEJAMOS LOS LIBROS.
Y DEJAMOS LA MÚSICA.
Y DEJAMOS LOS PAPELES.

COMO QUEDARON AYER.
SOBRE LA MESA.
NO PEDIMOS LA VIDA.
NO PODEMOS SU HERIDA.
QUIZÁS SOLO PODAMOS.
AÚN POR UNOS DÍAS.
PLANCHAR NUESTRA CAMISA.
Y ELEGIR QUÉ HACER.
CON NUESTRO CORAZÓN.
LA SANGRE DE MIS PADRES.
CORRE POR MIS VENAS.
Y ANTES QUE ELLAS.
FUERON LOS VALLES.

LOS VALLES SON VIEJOS.
LOS MONTES LO SON.

¿Y QUÉ SIGNIFICAN LOS AÑOS SIN FIN?

EL TIEMPO NO PARA.
PARAMOS NOSOTROS.
POBRE TIEMPO.
CONDENADO A VIVIR.
HASTA QUE UNA MANO AMIGA.
SE APIADE DE ÉL.

SIN CONOCER EL CONSUELO.
DE LA AMISTAD.

SIN COMPAÑEROS DE VIAJE.
PARA CANTAR.
AL MENOS CANTAR.

SIN ALGUIEN CUYO HOMBRO.
SOSTIENE EL CAMINO.

POBRE TIEMPO.
SE DUERME UN INSTANTE.
Y DESAPARECEMOS.
¿QUIÉNES SON AHORA?
PARA QUÉ CONOCERLOS.
CAMBIARÁN SUS NOMBRES.
TONTOS AFANADOS.
EN COSAS IMPORTANTES.

¿NADIE SE APIADARÁ DE MÍ?

NOSOTROS UN DÍA.
ESCAPAREMOS DEL TIEMPO.

MIENTRAS ÉL AÚN.
QUEDARÁ ATRÁS.
EN LA CÁRCEL DE LOS AÑOS.
CONDENADO A SIEMPRE.

SIN OLVIDAR EL PASADO.
APACENTANDO UN FUTURO.

QUE PRONTO DEVORARÁ.
NOSOTROS EN CAMBIO.
LLEGAREMOS A SER.

SÓLO SER.
SIN TIEMPO.
SIN DÍA NI NOCHE.
SIN ESTACIONES.
TODO QUEDARÁ DICHO.
LOS CUIDADOS DEL TIEMPO.
QUEDARON ATRÁS.
ENTRAREMOS DESNUDOS.
PARA NACER POR FIN.
A LOS CUIDADOS DEL VIENTO.

LAS VERDADERAS RAZONES

SOY EL HOMBRE DE LA CALLE.
CON ESO ME BASTA.

EL HOMBRE DE LA CALLE.
LO DEMÁS SOBRA.

LO HAGO PORQUE ME DA LA GANA.
NO ME LO MANDA NADIE.
AMOR NO MANDA NADA.

NO LO NECESITA.

SU AUTORIDAD ES ESA,
QUE ESTÁ AMANDO.

SÓLO SI AMA CONVOCA.
SÓLO SI AMOR EJEMPLO.

DICES MANDAMIENTOS, Y ¿DE QUÉ HABLAS?

SI HABLAS DE AMOR DIRÁS CONSEJOS DE AMOR.

CONSEJOS DE AMOR.

ESCRITOS DE SUDOR Y SANGRE,
PARA LOS CORAZONES LIBRES.

LO DEMÁS ME SOBRA.

¿A TI NO?

SI MERAS PALABRAS, SI MIEDO AL DESORDEN, SI MEMORIA
DE LO ATÁVICO, SI COSTUMBRE, SI NEGOCIO, SI AMENAZA, SI
DOMINIO, SI CEREMONIAS HUECAS, SUPERSTICIÓN,
TEATRO, SIN FRUTOS, SIN HECHOS.

DICES QUE MANDAMIENTOS, QUE CEREMONIAS, QUE
VESTIDURAS, DICES QUE PECADO, GEHENNA,
INDULGENCIAS, DICES QUE SACRIFICIOS, INTERMEDIACIÓN,
DICES QUE PREMIO, Y QUE CASTIGO.

DICES QUE MINISTROS, QUE INTÉRPRETES, QUE
TRADUCTORES, DICES QUE PROHIBICIONES, DICES QUE AUTORIDAD.

CÓMO QUISIERA ESCUCHARTE AGRADECIMIENTO, ENTREGA,
AMOR, FELICIDAD, SERVICIO, LIBERTAD, OLVIDO,
ENCUENTRO, ABRAZO, REDENCIÓN, ALEGRÍA.

SIN OTRA AUTORIDAD QUE AMOR, Y AMOR ES SERVICIO.

Y SI MINISTROS, ENAMORADOS, SI INTÉRPRETES,
SERVIDORES, SI TRADUCTORES, DE REDENCIÓN, QUE SIGUEN
LOS PASOS, SENCILLOS Y CLAROS DEL AMOR.

LA REDENCIÓN QUIZÁS SEA SÓLO ESO, VIDA SEGUIDA.
Y LA GEHENNA, LA CASA TRISTE DE QUIEN NO QUIERE AMAR.
NO DE QUIEN NO SABE AMAR.

Porque quien no sabe amar, aún no ha hablado.
Y yo digo.
La alegría del servicio es una flor amarilla.

O felices aquí, amando, sin otro premio,
o no me interesa.

O felices aquí, sirviendo,
sin más regalo que esa flor.
O no me interesa.
El premio era amar. El premio era servir.
Aquí, ahora, y después.
Servir, amar.

Si comprendo esta paradoja hablaré el lenguaje del cielo.
Entenderé a los que lo hablan.
Sus chistes, la magia, sentiré la alegría que sienten,
la mía será suya, la suya será la mía, y volveré al principio.

Si hablases el lenguaje del cielo.
El premio era amar,
El premio era servir.

Sentir la alegría del otro.
Y poseerla.

Eso era todo.
Con eso me basta.
Lo demás sobra.

LO QUE DEBEMOS

QUEDARSE AQUÍ.
TIERRA YERMA.
LOS LABIOS PEGADOS.
DE POLVO Y PIEDRA.

QUEDARSE AQUÍ.
PALABRAS SECAS.
QUE SUEÑAN VIENTO.
FRESCURA Y HIEDRA.
SALDRÉ DE MI CAMA.
SALDRÉ DE MI LECHO.
LA CARA AL FRÍO.
DESNUDO MI PECHO.

BUSCARÉ TU PATRIA.
DEJARÉ ESTE CUERPO.
RÍOS Y MARES, MONTES Y PUERTOS.

SERES QUE HABLAN.
Y YA ESTÁN MUERTOS.
NO BUSCO JOYAS.
NI BUSCO REINOS.

SÓLO TU IMAGEN.
TU PENSAMIENTO.

LOS PIES EN EL AGUA.
LA VISTA EN EL CIELO.
VEREMOS SI VEMOS.
LO QUE DEBEMOS.

LOS PIES EN EL AGUA.

LA VISTA EN EL CIELO.
VEREMOS SI VEMOS.
LO QUE DEBEMOS.

Lo que podamos amar

Te dejaré atrás.
Donde perteneces.

No puedes venir conmigo.
Tu destino es deshacerte.
Y desaparecer.

Pobre cosa brillante.
Pobre farándula.
Aún sin venir.
Y ya pasada.
Tu destino es el olvido.
Pobre cosa, pobrecita.

Hambre, fama, dinero.
Miedo, muerte, pasado.

Apariencias del tiempo.
Os dejaremos atrás.

Nuestra vida es abandono.
Desvestirse poco a poco.

Hasta por fin quedar.
Desnudos del cuerpo.

A quien dejamos.
Y qué solo se queda.

Lo que podamos amar.

Eso seremos.

Lo que podamos amar.
Equipaje en la maleta.

NADA MÁS.
ESO ES TODO.

LO QUE PODAMOS AMAR.
SÓLO ESO.

LOS MILAGROS DEL CORAZÓN

LOS MILAGROS MÁS DIFÍCILES.
AQUELLOS MÁS IMPROBABLES.
LOS MILAGROS MÁS DIFÍCILES.
SON LOS MILAGROS DEL CORAZÓN.

QUE CREZCAN LOS ÁRBOLES.
QUE LOS PECES Y LAS TORTUGAS ENCUENTREN SU CAMINO.
QUE LAS HERIDAS SE CIERREN.
QUE EL SOL NAVEGUE SU CURSO.
QUE LOS PÁJAROS AÚN VUELEN.
SUS VUELOS IMPOSIBLES.
QUE LOS NIÑOS REGRESEN.
UNA Y OTRA VEZ.
UNA Y OTRA VEZ.

TODO ESO ES TAN FÁCIL...
LOS MILAGROS MÁS DIFÍCILES.
AQUELLOS QUE MÁS ME ASOMBRAN.
LOS MILAGROS MÁS DIFÍCILES.
SON LOS MILAGROS.
DEL CORAZÓN.

ME ENCONTRASTE TÚ

SALÍ A BUSCARTE.
PERO ME ENCONTRASTE TÚ.
EN EL CUELLO DE LA JIRAFA.
EN LAS RAYAS DE LA CEBRA.
EN LAS PEZUÑAS DEL BÚFALO.
EN LOS PÉTALOS DE LA FLOR.
EN LOS COTILEDONES DE LA ALUBIA.
QUE SE ACUESTA EN ALGODÓN.
Y EL AGUA LA DESPIERTA.
LA VIDA LA ROMPE, Y LA LUZ LA PINTA DE VERDE.
ME ENCONTRASTE TÚ.
UN HUEVO QUE SE ROMPE.
SÓLO UN PICO QUE ABRE EL DÍA.
QUE ROMPE LA NOCHE, LOS OJOS AÚN CERRADOS.
LOS COLMILLOS DE LOS ELEFANTES, SUS OREJAS.
LOS RATONES EN SUS CASAS.
LAS HERIDAS, QUE SE CIERRAN, Y LAS COSTRAS, QUE SE
CAEN, A LA PIEL NUEVA, FINA COMO UN PAPEL.
LAS ESTRELLAS, QUE BAILAN, CORREN Y VUELAN, SIN CHOCARSE.
UNA GAVIOTA VUELA SOBRE UN PUENTE DE HIERRO.
GABARDINA, GAFAS, NIEBLA.
PAPÁ, ¿QUÉ ES ESO? UNA GAVIOTA, HIJO.

SALÍ A BUSCARTE.
PERO ME ENCONTRASTE TÚ.

LA LAGARTIJA SUELTA SU COLA, Y QUEDA EN EL SUELO, BAILANDO.
TOMA EL SOL, QUIETA QUIETA, Y SE DUERME, Y LE PONES COLAS NUEVAS.
LOS PERROS, LOS MONOS, LAS NUBES, ME ENCONTRASTE TÚ.

LAS RANAS QUE PONEN HUEVOS, LOS SAPABURUS, ME ENCONTRASTE TÚ.
QUE RESPIRAN DENTRO DEL AGUA, Y RESPIRAN FUERA DEL AGUA.
Y LES SALEN PATAS, SE LES CAE LA COLA.
Y LOS CAMALEONES, ME ENCONTRASTE TÚ.
CAMBIAN DE COLOR, LENGUAS Y FLECHAS, OJOS QUE MIRAN
EN TODAS DIRECCIONES, Y TE VEN.

LAS GOTAS DE LLUVIA, EL VAPOR, EL HIELO.
LA NIEVE, EL ARCO IRIS, LAS OLAS, EL RÍO.
PRIMAVERA, VERANO, OTOÑO, INVIERNO.
INFANCIA, JUVENTUD, MADUREZ, OCASO.
TORMENTAS, RAYOS Y TRUENOS, BALLENAS, SARDINAS,
TIBURONES Y TORTUGAS.
ARAÑAS, GUSANOS, MURCIÉLAGOS, HIENAS.
TODOS CONFÍAN EN TI.

LOS ÁRBOLES BROTAN, SU VERDE Y ROJO CADA PRIMAVERA.
TOMAN EL SOL, Y NOS DAN OXÍGENO, CLARO, FOTOSÍNTESIS,
COMO SI UN NOMBRE BASTASE PARA MATAR EL ASOMBRO,
COMO SI CON UN NOMBRE FUESE NUESTRA LA IDEA.
LAS AVESTRUCES, LAS NUTRIAS Y LAS HORMIGAS.
LOS NARANJOS, LOS REBECOS, LAS ÁGUILAS, LOS VOLCANES.
ME ENCONTRASTE TÚ.
ME ENCONTRASTE TÚ.
ME ENCONTRASTE, SÍ, TÚ.

MI CABEZA REMOLÍNICA

MI CABEZA REMOLÍNICA.
NO QUIERE DORMIR.
Y SE ARRANCA Y SE ARRANCA.
LENTA Y TONTA.
TONTA Y CANSADA.
CANSADA Y EXCUSAS.

POBRECITA MÍA.
TAN COSIDA A MÍ.
CUÁNTO DESEARÍA.

DARTE VACACIONES.
QUE TE BAÑASEN LAS AGUAS.
DE LA CASCADA.
Y SE LLEVARAN LEJOS.
TUS SUEÑOS DE LOCA.

QUE ESCALA PAREDES LISAS.
SIN MANOS PARA ASIRSE.
NI UN LUGAR.
DONDE QUEDARSE.
MI CABEZA REMOLÍNICA BUSCA AÚN.
UNA TIERRA PROMETIDA.
DE PALABRAS ROTAS.
CALMA ENCONTRADA.
Y SUEÑOS QUE NO LLEGAN.
NI LLEGARÁN HASTA QUE.
OH, POBRE.
OH, POBRE CABEZA MÍA.
EN TUS RIZADOS REMOLINOS.
DESCANSES DORMIDA.

NADA, Y MENOS QUE NADA

NADA, Y MENOS QUE NADA.
EN ESTE PAN, AHORA MINÚSCULO.
SER ENTERO Y PRESENTE.
A MI CUEVA DE LADRONES.

NADA, Y MENOS QUE NADA.
ENTRE MIS DIENTES, UN INSTANTE.
DESHECHO, EN FUGA.
PRESENCIA Y SANGRE.

NADA, Y MENOS QUE NADA.
PESEBRE Y TRONO.
CRUZ EN LA ESPALDA.
SANDALIAS ROTAS.
MANOS CANSADAS.
NADA Y MENOS QUE NADA.
NINGUNO, Y TODOS.
BELLEZA ALADA.
CONMIGO A SOLAS.
ABRIGO Y CALMA.

NADA, Y MENOS QUE NADA.
REFUGIO Y MANTA.
CAMINO Y VALLA.
DEFENSA Y GUARDA.
PROMESA HALLADA.
NADA, Y MENOS QUE NADA.
NADA, Y MENOS QUE NADA.

NO DEPENDE DE TI

NO COMPRENDES QUE EL FIRMAMENTO.
NO DEPENDE DE TI.

ESTAS NUBES, CON SU FORMA.
NO DEPENDE DE TI.

LOS PLANETAS, LAS ESTRELLAS.
QUE AMENAZAN COLISIÓN.

NO DEPENDE DE TI.
NO DEPENDE DE TI.
NO DEPENDE DE TI.
NO DEPENDE DE TI.

EL MAR, LA TIERRA Y LAS AVES.
NO DEPENDE DE TI.

LOS CABALLOS, LA HIERBA.
OH, CÓMO BUSCAN CRECER.
NO DEPENDE DE TI.

DESPREOCÚPATE.
ESCUCHA.
DESPREOCÚPATE.
CONFÍA.

NO DEPENDE DE TI.
NO DEPENDE DE TI.

No depende de ti.
No depende de ti.
Haz tu parte.
Camina.
No depende de ti.
Sin peso.
Sin ira.
No depende de ti.

No depende de ti.
No depende de ti.
No depende de ti.
No depende de ti.

Todo esto que ves.
Y aun lo que no ves.
Tus pasos.
Tu vida.

No depende de ti.

Son cosas que nacen.
De una sola mirada.

Y no depende de ti.

Esas cosas se sostienen.
En mi sola mirada.
Antes y después.
Ahora también, mañana.

Y no depende de ti.
No depende de ti.
No depende de ti.
No depende de ti.
Ya las uvas están maduras.
No depende de ti.
Y los campos se cubren de flores.
No depende de ti.

YA LOS PÁJAROS CONFÍAN.
YA CONFÍAN Y CANTAN.
VOCES CLARAS.
TIEMPO NUEVO.

NO DEPENDE DE TI.
NO DEPENDE DE TI.
NO DEPENDE, NO, DE TI.

NO SE HABLE MÁS

SI AMO NO NECESITO PALABRAS.
Y SI NO, NO HAY PALABRA QUE VALGA.

SE TRATA DE ESO, DE AMAR.

TODOS NECESITAMOS
SER PERDONADOS.
TODOS HERIMOS.

YO NO QUIERO PALABRAS,
QUE SE TUERCEN Y DAN VUELTAS.
SERÁ MEJOR DEJAR ATRÁS LOS REPROCHES.
Y LAS PALABRAS.
VER EL DOLOR QUE PROVOCAN.
Y ESPANTARLAS.
LA VIDA ESPERA.

YO QUISIERA VIVIR UNA VIDA QUE SE ESCAPA.
NO ESTA CONDENA.
Y BASTA CON DECIDIRLO.
¿HE DICHO QUE LA VIDA ESPERA?
NO, LA VIDA NO ESPERA.
Y ES URGENTE VIVIR.
VIVAMOS.
LA MUERTE PARA LOS MUERTOS.
DEJÉMOSLA ATRÁS.
AL MENOS POR UN TIEMPO.

En este día de hoy
nos esperan cosas bellas.
Es un crimen no recibirlas, encerrados en esta cárcel de palabras.
Basta con quererlo.

La puerta de la cárcel está abierta.
Sólo estamos dentro si lo queremos,
si decidimos habitar una cárcel de palabras.
Pero afuera brilla el sol,
y la vida está ocurriendo.

Salgamos juntos de la cárcel,
de este sitio de dolor.
A la paz de una vida que espera.
Esta vez sí.

Por mi parte, se acabaron las palabras.
Como piedras arrojadizas,
son traidoras.

Hieren tanto a quien las lanza
como a quien las recibe.
Estoy harto de ellas.
Te prefiero a ti.

Ahora ya lo he decidido.
Me libero de reproches.

Los tiro al basurero, de donde nunca debieron haber salido.

Qué peso más grande me quito con ello.
Qué peso, y qué fetidez.

Vuelve a mis labios la música, cerrada hasta este
verso, bajo el sepulcro de mis palabras.

No se hable más.

MIRA LO QUE SOY

ACUÉRDATE DE MÍ.
CUANDO ESTÉS EN TU REINO.

Y VEN A MI MENTE.
VEN A MIS MANOS.
VEN A MI CORAZÓN.

DAME NO HABLAR.
SINO SEGUIR TUS PASOS.

MIRA LO QUE SOY.
Y VEN A MI MENTE.
VEN A MIS MANOS.
VEN A MI CORAZÓN.

TEN PRESENTE MIS PALABRAS.
SÓLO TENGO ESTA VOZ.

ESO ES TODO LO QUE TENGO.
OYE MIS PALABRAS.
AHORA QUE EL SILENCIO.
HA CRECIDO ENTRE NOSOTROS.

AHORA QUE LAS COSAS.
SE DESHACEN EN MIS DEDOS.

ACUÉRDATE DE MÍ.
CUANDO ESTÉS EN TU REINO.
ACUÉRDATE DE MÍ.
SEÑOR.

No tengáis miedo

El miedo es la muerte, no tengáis miedo.
El miedo nos paraliza, no tengáis miedo.
El miedo es una trampa, no tengáis miedo.
No tengáis miedo.
No tengáis miedo.
No tengáis miedo.
No tengáis miedo.
Las águilas vuelan, sus ojos amarillos.

Los ratones encuentran
semillas a su alcance.

Y dan leche a sus crías, y viven cada día la aventura de su vida.
No tengáis miedo.
Bajo las hojas del bosque, ya crecen los helechos.
En los nidos esperan los jilgueros, esperan los petirrojos.
Y no les faltará alimento.
El liquen viste las piedras del monte, con trajes de gala, sólo para ellas.

El miedo es la muerte, no tengáis miedo.
El miedo nos paraliza, no tengáis miedo.
El miedo es una trampa, no tengáis miedo.
No tengáis miedo.
No tengáis miedo.
No tengáis miedo.
No tengáis miedo.

ME ACOJO A TU NOMBRE

GRITÉ TU NOMBRE.
HERMOSURA EN CALMA.
VIDA EN LOS ÁRBOLES.
PADRE DE LAS HIERBAS.

ME CONTESTARON LOS CAMPOS SEGADOS
DE ORO Y VIENTO.

SUS VOCES, DICEN TU NOMBRE.
ESCAPAN TRAS DE TI.
Y SIGUEN TUS PASOS.

LOS ALCORNOQUES SE ASOMBRAN DE MIS DUDAS.
DESNUDOS DE SU CORCHO.
EL SOL LES BASTA.
QUE NACE OBEDIENTE, UNA VEZ MÁS, SOBRE NOSOTROS.
RELOJERO A TUS PIES.
Y DIBUJA ESCENARIOS.
DONDE ESTRENAR LA VIDA.

LA VIDA SE ESTRENA, SU LUZ ES NUEVA, CADA DÍA.
LUZ QUE ES NUEVA, NO SE HA USADO,
VIDA NUEVA NO SE HA VIVIDO.

Y EL PASADO, QUE SE ALZA COMO UN FARDO EN LA MOCHILA.
NOS SEPARA DE LA VIDA, ELLA ES AHORA.
NO VIVIR ES UN INSULTO.

ME ACOJO A TU NOMBRE
HERMOSURA EN CALMA
LUZ EN LOS CAMPOS

ME ACOJO A TU NOMBRE
BAJO RAMAS DE HIGUERA.
DE VERDE Y VIENTO.

No tengo tiempo

No tengo tiempo para la poesía.
Tengo que planchar.

Tengo que ir al supermercado.
Tengo que fregar los platos.

Hacer la cama.
Cortarme las uñas.
Coser un botón.

Tengo que afeitarme.
Poner la lavadora.

Tengo que trabajar.
Ganar dinero.
Pagar facturas.
El seguro del coche.
La luz, el agua, los gastos de comunidad.

Tengo que regar las plantas.
No tengo tiempo para la música.
Tengo que ir al psicoanalista.
Tomarme las pastillas.
Hacer footing.
Tengo que atarme los cordones de las zapatillas.

Estaba tan pálida.
Entré para ponerle tres rosas sobre las manos.
Besé su frente de hielo.
Y dije una oración.

No tengo tiempo para la vida.
No tengo tiempo para morirme.

O quizás sí.

NO TENGO RESPUESTAS

NO TENGO RESPUESTAS.
SOY SÓLO UNO MÁS.

CON MUCHAS PREGUNTAS.
QUE LLEVO EN UN SACO.
Y NADIE RESPONDE.

A VECES ME ESCONDO.
NO SALGO AL CAMINO.
Y BUSCO CONSUELOS.
A SALVO DEL FRÍO.
Y CAIGO EN LAS TRAMPAS.
QUE TIENDO A MIS PIES.
PREPARO CON MAÑA.
A ELLAS ME AGARRO.

NO TENGO RESPUESTAS.
SOY SÓLO UNO MÁS.

CON MUCHAS PREGUNTAS.
QUE LLEVO EN UN SACO.
Y NADIE RESPONDE.

QUÉ MIEDO.
QUÉ FRÍO.
DAME TÚ LA MANO, DÁMELA.

SÓLO QUIERO TU MANO.
SI PUDIERA DEJAR ATRÁS ESTAS COSAS…
SALGAMOS JUNTOS.
SALGAMOS JUNTOS AHORA.
HACIA UN CAMINO.
QUE AÚN ESPERA.

NOS ESPERA LA VIDA

NOS ESPERA LA VIDA, SALGAMOS, VIVAMOS.
NOS ESPERA LA VIDA, AÚN NOS ESPERA LA VIDA.
SON PEQUEÑAS MUERTES, LAS QUE NOS DAMOS.
Y DE MATARNOS TENEMOS LOS BOLSILLOS LLENOS.
MIRA ESTA DAGA, SE LLAMA VIDA.
QUE CORTE MIS LAZOS, RASGUE LAS TELAS, QUE RETIENEN RECUERDOS, COMO
CUADROS PINTADOS CON ÓLEOS DE CASTIGO.
NOS ESPERA LA VIDA, SALGAMOS, VIVAMOS.
NOS ESPERA LA VIDA, AÚN NOS ESPERA LA VIDA.
QUIERO SALIR A LA CALLE, DESNUDO, Y PERDERME.
DAR DE COMER A LOS PÁJAROS, SENTIR EL VIENTO,
TOCAR SU PELO, SUBIRME A ÉL.
METER LOS PIES EN EL ARROYO
DONDE EL AGUA NUEVA ME ESPERA.
ABRAZAR EL MIEDO DE LO INCIERTO, Y ACEPTAR A SU HIJO EL CAMBIO, COMO UN
ÁNGEL AMIGO.
LA CERTIDUMBRE ES UN VERDUGO PARA LA VIDA, SÓLO ESO PUEDE, PARARLA.
LA CERTIDUMBRE ES LA MUERTE, QUE SE RÍE DE NOSOTROS.
CON HILO DE ALAMBRE NOS ATA LAS ALAS, Y EL TIEMPO ES SÓLO UN PERRILLO A SUS
ÓRDENES, QUE OXIDA SU LAZO Y NOS DETIENE.
NOS ESPERA LA VIDA, SALGAMOS, VIVAMOS.
NOS ESPERA LA VIDA, AÚN NOS ESPERA LA VIDA.
LA CERTIDUMBRE NOS SONRÍE, CON SUS DIENTES OXIDADOS.
DIRIGE CONTRA NOSOTROS UN DEDO NEGRO, ECHA PARA ATRÁS LA CABEZA, Y
SE CARCAJEA.
Y EL TIEMPO, A SUS PIES, TODO LO OXIDA.
Y YO DIGO, DADME ESA DAGA.
VEREMOS QUIÉN GANA.
NOS ESPERA LA VIDA, SALGAMOS, VIVAMOS.
NOS ESPERA LA VIDA, AÚN NOS ESPERA LA VIDA.
LA VIDA ES UNA DECISIÓN.
Y NO ENTIENDE DE TIEMPO.
ASÍ, EL TIEMPO PUEDE ESTAR MUERTO, O VIVO, TÚ LO DECIDES.
LOS VIEJOS CON SU TIEMPO A LA ESPALDA, ES UN TIEMPO QUE EMPUJA.
LOS JÓVENES CON EL TIEMPO EN EL ESPEJO, TIEMPO QUE LLEGA VOLANDO.
EL TIEMPO ES SÓLO TIEMPO, NO SABE NADA.

EL TIEMPO NO ES ENEMIGO, TAMPOCO ES AMIGO.
EL TIEMPO ES SÓLO UN TONTO, QUE VIENE Y SE VA.
... NO VIENE PARA QUEDARSE...Y A TIEMPO NOS ABANDONA...
NOS ESPERA LA VIDA, SALGAMOS, VIVAMOS.
NOS ESPERA LA VIDA, AÚN NOS ESPERA LA VIDA.
LA VIDA ES UNA DECISIÓN.
NO ES BREVE, NI LARGA, ES UNA DECISIÓN.
NI PASADO, NI PRESENTE, NI FUTURO, SÓLO UNA DECISIÓN.
SE TRATA DE ESO, DE DECIDIRLO.
SI DECIDES VIVIR, ERES PARTE DE LA VIDA.
CAMBIARÁS, PORQUE ESTARÁS VIVO, TE SALDRÁN FLORES EN
LOS DEDOS, DONDE TÚ NO SEPAS.
QUIZÁS TE DESVESTIRÁS DE TODO, HASTA DE TU CUERPO.
PERO SERÁN FLORES HERMOSAS, COMO LAS DE UN ALMENDRO.
NOS ESPERA LA VIDA, SALGAMOS, VIVAMOS.
NOS ESPERA LA VIDA, AÚN NOS ESPERA LA VIDA.
PASARÁN MULTITUDES, Y SERÁN OLVIDADAS.
EL TIEMPO TODO LO OLVIDA.
PERO SI ASÍ LO DECIDISTE, SERÁS PARTE DE LA VIDA, Y TE
SALDRÁN FLORES EN LOS DEDOS, DONDE TÚ NO SEPAS.
HERMANO CAMBIO, VEN A CENAR ESTA NOCHE, ESTOY
PREPARADO, NO ME INTIMIDAS, AHORA TE AMO.
HABLAREMOS, BEBEREMOS VINO, POR LA MAÑANA SALDREMOS A LOS BOSQUES DE LA
VIDA, Y ELLA NOS SORPRENDERÁ, Y NOS MOSTRARÁ EL CAMINO.
BRINDAREMOS A LA VIDA, BAILAREMOS CON ELLA, SIN SABER
QUÉ PASARÁ DESPUÉS, Y POR ESO EL INSTANTE SERÁ PERFECTO.
CUANDO CAIGA LA NOCHE, BAJO LAS ESTRELLAS, NOS SENTAREMOS JUNTO A LA MUJER, Y EN LA
HOGUERA ARDERÁN MIEDO Y CERTIDUMBRE, Y QUEDAREMOS AL FIN
LIBRES PARA LA VIDA.
NOS ESPERA LA VIDA, SALGAMOS, VIVAMOS.
NOS ESPERA LA VIDA... AÚN NOS ESPERA LA VIDA.

Nosotros

Un hombre y otro.
No sé si soy yo o soy ellos.
Seré tú, cuando mires.
Y recuerdes los nombres.
Del hombre y de la mujer.
Seré tú, serás yo, somos nosotros.

Me preocupo, te preocupas.
Tengo miedo, tienes miedo.
Tengo frío, tienes frío.
Tengo prisa, tienes prisa.
Se me mueren, se te mueren.
Me muero, te mueres.
Me pregunto, te preguntas.

Y ni siquiera nos conocemos.

¿Somos acaso tan diferentes?
¿Son acaso tan distintos nuestros anhelos?

¿Son tan tuyos?
¿Son tan míos?

¿Hablan tanto de ti?
¿Hablan tanto de mí?
No, no hablan de ti.
Ni hablan de mí.
Hablan de nosotros.
Es nosotros, siempre fue nosotros.
Nosotros los hombres.
Hombres si nosotros.

Somos piezas vivas.
Del puzle de nosotros.
Sin nosotros ese puzle.
No sabe, no sirve, y espera.

Sin ti es un pobre tonto, que está perdido y espera.
Porque habrá niños, hay esperanza.
Porque se cogerán las manos, hay esperanza.
Porque crecerán los árboles, hay esperanza.
Seremos caricia en las manos de los niños.
Es eso lo que somos.
Caricia en las manos de los niños.
Estaremos en los árboles que crecen.
Brotaremos otra vez en ellos.
Mientras una canción sea cantada.
Hay esperanza.
No somos seguidores de un muerto.
Seguimos la vida.
Vida que nos siguió.
Y nos rodea.
Antes que nosotros, la vida.
Ahora también, la vida.
Y mañana la vida.
¡No habrá fin para nosotros!

¿No lo ves?
¡Somos nosotros!
Nosotros es más fuerte que el mundo.
Nosotros fuimos espejo de un nosotros antes que el mundo.
Nosotros viviremos en nosotros.

Cuando el mundo no sea más que un recuerdo.
Nosotros.
Siempre nosotros.

PALABRAS QUE SE MARCHARON

QUEDAN AÚN UNAS TARDES DE VERANO.
PARA SENTARNOS EN EL JARDÍN JUNTO AL PERAL.
LA MESA DE PIEDRA.
LAS SILLAS DE HIERRO.
PALABRAS QUE SE FUERON.
PALABRAS QUE SE MARCHARON.

NO PREGUNTES AL JARDÍN.
DIRÁ QUE NO RECUERDA.
ESO QUE ATENTO ESCUCHABA.
COMO ANTES HIZO CON OTROS.
COMO HARÁ OTRA VEZ MAÑANA.
CARAS NUEVAS, OTROS NOMBRES.

PALABRAS QUE SE IRÁN.
PALABRAS QUE SE MARCHARÁN.
¿DÓNDE PONDRÉ MI CORAZÓN?

QUE NO SE LO LLEVE EL VIENTO.
QUE NO SE LO LLEVE EL VIENTO.
PERO YA SE LO HA LLEVADO.
LLÉVAME, VIENTO, LLÉVAME.
ALLÍ JUNTO A LAS PALABRAS.
QUIERO OÍR ESAS PALABRAS.
PALABRAS QUE SE FUERON.
PALABRAS QUE SE MARCHARON.

PARA EL HOMBRE

LAS NUBES SON PARA EL HOMBRE.
EL VERDE ES PARA EL HOMBRE.
EL AZUL PARA EL HOMBRE.
EL BOSQUE, EL MAR, EL CIELO.
SON TODOS PARA EL HOMBRE.
LAS ARDILLAS, PARA EL HOMBRE.
LAS ESTRELLAS, LOS PLANETAS.
LAS MONTAÑAS, Y LAS CUEVAS.
LAS AVES QUE VUELAN, PARA EL HOMBRE.
Y LOS TIGRES, PARA EL HOMBRE.
LAS JIRAFAS, PARA EL HOMBRE.
Y LOS PATOS, Y LOS ÑÚES, LOS DELFINES, PARA EL HOMBRE.

EL FUEGO, EL LECHO, EL ALIMENTO.
EL AMIGO, EL ABRAZO, LA SONRISA.
PARA EL HOMBRE. PARA EL HOMBRE.
TODO PARA EL HOMBRE.

NO PARA UN HOMBRE.
SÍ PARA EL HOMBRE.
EL HOMBRE ES UNO.
QUE SE REPARTE.
MUCHAS PERSONAS.
UN SÓLO HOMBRE.

LAS NUBES SON PARA EL HOMBRE.
SIEMPRE FUERON PARA EL HOMBRE.

NUESTRA HERENCIA.
NUESTRO REGALO.

PARA EL HOMBRE.
PARA EL HOMBRE.
UN SOLO HOMBRE...
EL MISMO HOMBRE.

PONTE EN MARCHA

PONTE EN MARCHA, SERENAMENTE.
PONTE EN MARCHA EN SOLEDAD.

PONTE EN MARCHA AMABLEMENTE.
PONTE EN MARCHA EN LIBERTAD.

PONTE EN MARCHA SIN MENTIRAS.
PONTE EN MARCHA AL CAMINAR.

PONTE EN MARCHA DULCEMENTE.
PONTE EN MARCHA, SIN MALDAD.

PONTE EN MARCHA, TIENDE UN PUENTE.
ABRE PUERTAS, PUEDES MÁS.

PONTE EN MARCHA, YA NO LLUEVE.
DA TU MANO, HAZLO YA.

PONTE EN MARCHA, LAS HERIDAS.
YA NO DUELEN, SON VERDAD.

UNAS VOCES PRIMITIVAS.
OS CONVOCAN, CAMINAD.

PONTE EN MARCHA, ES EL CAMINO.
DE UNA VIDA, SU BONDAD.

PONTE EN MARCHA, LAS ORILLAS.
SON TUS PIES AL CAMINAR.

PONTE EN MARCHA, EL MAR SE ASOMBRA.
PONTE EN MARCHA, TU HEREDAD.
PONTE EN MARCHA ES TU DESTINO.
PONTE EN MARCHA, LA UNIDAD.

PALABRAS VIVAS

SON PALABRAS REALES.
QUE ESTÁN OCURRIENDO.
NO PALABRAS HUECAS.
QUE SE LLEVA EL VIENTO.

PALABRAS VIVAS.
ANCLADAS AL SUELO.
QUE CRECEN RAMAS.
DE VERDE Y SILENCIO.

NO PALABRAS ROTAS.
YA DESGASTADAS.
NO PALABRAS MUERTAS.
MEDIO ENTERRADAS.

PALABRAS VIVAS.
QUE BROTAN NUEVAS.
QUE CRECEN FLORES.
ENTRE TUS PIES.

PALABRAS VIVAS.
QUE TODO LO ESPERAN.
Y MIRAN LOS JUEGOS.
DE NIÑOS QUE VENDRÁN.

Y MIRAN LAS NUBES.
QUE SE TIÑEN AHORA.
DE ROJO Y DE AZUL.
SE TIÑEN AHORA DE ROJO Y DE AZUL.
ALLÍ DONDE EL BLANCO ESPERA.
Y SIGUE ESPERANDO.
EN SILENCIO TU CANCIÓN.

PONTE EN PIE

NO HAY DOS MAÑANAS.
HAY UNA MAÑANA.
Y LAS MANOS SON.
PARA USAR AHORA.
PONTE EN PIE.
PONTE EN MARCHA.
YA LLEGA LA AURORA.
QUE ANUNCIA EL ALBA.

PONTE EN PIE.
YA COMIENZA.
YO SOY EL CAMINO.
NO PIERDO BATALLAS.

EL CIELO Y LA TIERRA PASARÁN.
SI MIS PALABRAS BROTAN EN TU CORAZÓN.
ESA SEMILLA ES AHORA UN ÁRBOL.
ES UN MILAGRO PATENTE.

UN SOLO DIOS, TRES PERSONAS.
UN SOLO HOMBRE, Y MILES.

PONTE EN PIE.
PONTE EN MARCHA.
YA LLEGA LA AURORA.
QUE ANUNCIA EL ALBA.
YA COMIENZA ESTE DÍA.
QUE DESPLIEGO A TUS PIES.
SOY YO QUIEN LO HAGO.
EN TU VOZ PONDRÉ MI FIRMA.
PORQUE YO TE SOSTENGO.
Y TE PENSÉ, Y TE PIENSO.
HASTA QUE EL TIEMPO TERMINE.
Y REGRESES A MI PENSAMIENTO.

MI PENSAMIENTO.
QUE FUE Y SERÁ.

Y ESPERA DENTRO.
MI PENSAMIENTO.
DE NIEVE Y FLORES,
DE LUZ Y VIENTO.

CASA DE TODOS.
LUGAR DE ENCUENTRO.

NO HAY DOS MAÑANAS.
HAY UNA MAÑANA.
Y LAS MANOS SON.
PARA USAR AHORA.

PONTE EN PIE.
PONTE EN MARCHA.
YA LLEGA LA AURORA.
QUE ANUNCIA EL ALBA.

POR QUÉ NO HABLASTE ANTES

ESTABAN EN LA BASURA, COMO DEDOS SECOS.
YA SE HABÍAN IDO.
PERO TÚ LOS MIRASTE, Y LES HABLASTE.
LOS REGASTE DE PALABRAS.
LOS LLAMASTE POR SUS NOMBRES.
LES MOJASTE LOS PIES...
LOS LLEVASTE A TU JARDÍN.
UNO A UNO LOS PLANTASTE.
AHORA SON ESOS MONTES.
FORMIDABLES, TAN FRONDOSOS.
LOS PÁJAROS ANIDAN EN ELLOS.
EL SOL PASEA ENTRE SUS BROTES.
SU FRAGANCIA ES PARA SIEMPRE.
SU PRESENCIA VERDE...
Y LOS CUERVOS TE DECÍAN QUE NO.
QUE ERA IMPOSIBLE.
QUE ESTABAN PROHIBIDOS.
QUE LA MUERTE ERA EL CASTIGO.
POR SUS PECADOS.

PERO TÚ LES HABLASTE.
LES MOJASTE LOS PIES CON TUS PALABRAS.
Y AHORA SON ESOS MONTES.
EL SOL SE ALEGRA AL DESPERTAR.
SE ALEGRA ENTRE LAS HOJAS.
VERDES Y AMARILLAS.
SE ALEGRA Y SE PREGUNTA.
POR QUÉ NO HABLASTE ANTES.

POR FIN DESCANSA

HOY AMOR ES UN PÁJARO.
QUE EXTIENDE SUS ALAS BLANCAS.

HA VENIDO CUANDO TODO.
ESTABA PERDIDO.

ARROJABAN PIEDRAS.
Y RISAS COMO CUCHILLOS.

Y LOS LABIOS MUDOS.
BUSCABAN TU NOMBRE.
EN UN ARMARIO VACÍO.

HOY AMOR HAS VENIDO.
COMO AGUA DE ROCÍO.
SOBRE RAMAS SECAS.

Y LOS ÁLAMOS DESNUDOS.
REVERDECEN UN MOMENTO.

A LA SOMBRA DE TUS ALAS.
Y ENVIDIAN EL ALMA.
QUE SUBE A TU MORADA.
ARROPADA EN TU REGAZO.

POR FIN DESCANSA.

Porque tú estás con nosotros

No hay contradicción.
Porque tú estás con nosotros.

No esperaste.
Te levantaste temprano.

Te pusiste en camino.
Estás con nosotros.

Oveja negra, blanca o verde.
Estás con nosotros.

Cerrados, perdidos, presos.
Estás con nosotros.

Acechados, vencidos, derrotados.
Estás con nosotros.

Estás con nosotros.
Estás con nosotros.

Estás con nosotros.
Estás con nosotros.

Estás con nosotros.
Y los montes huirán a nuestros pies.

Estás con nosotros.
Y las nubes surcarán el cielo.

Las estrellas bailarán agradecidas.
Porque Tú estás con nosotros.

Porque Tú, sí, Tú, estás con nosotros.

Estás con nosotros.
Y no habrá quien dé batalla.
Un muro de miedo caído.
Un campo de amapolas rojas.
De viento en calma.
De luz apacible.
Que ya me alcanza...

Porque Tú estás con nosotros.
Porque Tú, sí, Tú, estás con nosotros.

Promesa hallada

Alma rendida.
Alma entregada.
Pena vencida.
Tierra conquistada.

Paz en las manos.
Calma encontrada.
Sangre vertida.
Luz en tu mirada.

Campos sembrados.
Lluvia que viene.
Agua que limpia.
Promesa hallada.

Paciencia que se estrena.
Espera enamorada.
Piedras que gritan.
Sordos que callan.
Pena vencida.
Calma encontrada.
Lluvia que viene.
Espera enamorada.

QUEDARÁN LUGARES

QUEDARÁN LUGARES,
A SALVO DEL CEMENTO.
DONDE UNA VOZ QUE HABLA.
AÚN SE ESCUCHE.

DONDE LOS ECOS DEL AIRE.
DEVUELVAN SU HERMOSURA,
Y LOS ACTOS QUE OMITIMOS.
PUEDAN AÚN FLORECER.

SEMILLAS EN LA TIERRA.
QUE NUNCA FUERON PLANTADAS,
FORMAS Y COLORES.
QUE NO PUDIERON NACER.

PENSAMIENTOS Y PALABRAS.
QUE JAMÁS SE DIJERON,
ENCERRADAS EN LO NEGRO.
DE UNA TRISTE OSCURIDAD.

QUEDARÁN LUGARES.
DONDE SE JUNTEN LAS MANOS,
Y LAS HOJAS EN OTOÑO.
BAILARÁN AL CAER.

BAILARÁN CONFIADAS.
COMO ERA UN PRINCIPIO.
AHORA Y SIEMPRE.
POR LOS SIGLOS DE LOS SIGLOS.
AMÉN.
QUEDARÁN LUGARES.
A SALVO DEL CEMENTO.

QUEDARÁN LUGARES.
QUEDARÁN LUGARES.

QUIÉRETE, Y ACÉPTATE

QUIÉRETE, Y ACÉPTATE.
COMO TE QUIERO YO.
Y TE ACEPTO YO.
QUE TE QUIERO YA.
QUE TE ACEPTO YA.
QUE SIN TI NO TENGO AIRE.
QUE ME SOBRA EL MUNDO.
QUE SE ME QUEDA COJO.
QUE CUANDO NACISTE.
ENTRARON LADRONES.
EN MI CORAZÓN.

QUIÉRETE, Y ACÉPTATE.
COMO TE ACEPTO YO.
Y TE QUIERO YO.

QUÉDATE

MÍRAME, SEÑOR, QUÉDATE.
QUE YA EXTIENDO LA NOCHE CON MIS MANOS.
COMO DÍAS QUE HUYEN, ME RODEA.
OH, CÓMO HA ENTRADO EN MI CORAZÓN.
QUIÉN LE ABRIÓ LA PUERTA.

MÍRAME SEÑOR.
QUÍTAME ESTE LÁTIGO.
ES EN MI ESPALDA.
DONDE CASTIGO A MIS HERMANOS.

QUÉDATE, SEÑOR.
LLÉVATE ESTA NOCHE.
MIRA QUE LOS NIÑOS.
YA NO SABEN JUGAR.

MIRA LAS PALABRAS.
QUE SALTAN COMO PIEDRAS.
Y LLUEVEN SOBRE UN MUNDO.
CUYO VERDE ES AHORA UN SUEÑO.

MÍRAME, SEÑOR, QUÉDATE.
QUE YA EXTIENDO LA NOCHE CON MIS MANOS.
TEN PIEDAD, SEÑOR, MÍRAME.
MÍRAME, SEÑOR, QUÉDATE.

RECINTOS SAGRADOS

PREPARAN PARA TI LUGARES SANTOS.
SE VISTEN DE BLANCO, Y SE ARRODILLAN.
PERFUMAN DE INCIENSO TUS ALTARES.
PURIFICAN TU ASIENTO,
¿Y TÚ VIENES A MÍ?
SEÑOR, NOSOTROS SOMOS.
TUS RECINTOS SAGRADOS.
TUS VERDADEROS, TUS AMADOS.

RECINTOS SAGRADOS.

RECINTOS SAGRADOS.

CON PIES Y MANOS.
HASTA LAS ZORRAS TIENEN.
SU MADRIGUERA.
Y TÚ TIENES AHORA.
AQUÍ, EN NOSOTROS.
RECINTOS SAGRADOS.
DONDE REPOSAR TU CABEZA.

NOS ESPERA HOY SI ESCUCHAMOS

VAYAMOS A VISITAR A CRISTO.
NOS ESPERA HOY SI ESCUCHAMOS.
ES UNA ANCIANA QUE SE SIENTA EN UNA SILLA, FRENTE A SU
COMPAÑERA DE PISO, LA SOLEDAD.
ES SU TORRENTE DE PALABRAS NUNCA ESCUCHADAS.
ES UN GRITO DE AUXILIO, UNA ISLA DESIERTA, EN MEDIO DE
LA MULTITUD.
ES UN JOVEN QUE SE EQUIVOCÓ.
PRESO DE SUS OBRAS, PRESO PORQUE NADIE LE ENSEÑÓ, Y
NO SUPO HACERLO MEJOR.
ES ALGUIEN QUE CAMINA SOBRE EL VERDE MUDO.
LAS LLAVES PUESTAS EN LA CERRADURA DEL COCHE.
UN ABRIGO DE VISÓN SOBRE EL ASIENTO.
SE HA QUITADO SU RELOJ DE ORO, Y LO HA TIRADO A UN CHARCO.
Y CAMINA AL BORDE DEL PRECIPICIO, LOS PIES DESCALZOS,
LA HIERBA DESNUDA.
ES ALGUIEN SENTADO JUNTO A SU PADRE MUERTO.
Y LE COGE DE LA MANO.
Y LE ACARICIA LAS CEJAS, UNA Y OTRA VEZ, UNA Y OTRA VEZ.
CRISTO NO SE ESCONDE.
DENTRO DE UNA CAJA.
CRISTO NO TIENE MIEDO.

Y CAMINA, Y RESPIRA, Y PADECE,
Y TIENE MIL CARAS.
ÉL QUIERE TUS LABIOS PARA HABLAR.
TUS MANOS PARA ACARICIAR.
QUIERE TUS PIES PARA VISITAR.
Y TUS OÍDOS PARA ESCUCHAR.
ÉL QUIERE SER TÚ.
QUE TÚ SEAS ÉL.
PUEDE SER HOY.
PUEDES SER TÚ.

VAYAMOS A VISITAR A CRISTO.
NOS ESPERA HOY SI ESCUCHAMOS.
NOS ESPERA HOY SI ESCUCHAMOS.

NOS LO DAS TÚ

NOS LO DAS TÚ.
SÓLO TÚ.
TODO AQUELLO,
ERA TUYO.

ERES TÚ.
NOS LO DAS TÚ.

EL AIRE, QUE NO NOS FALTARÁ.
NOS LO DAS TÚ.
EL AGUA, PARA BEBER TU RASTRO LIMPIO.
NOS LA DAS TÚ.
PARA BAÑAR A NUESTROS HIJOS.
Y DESPEDIR A NUESTROS PADRES.

NOS LA DAS TÚ.

NOS LA DAS TÚ.

ERAS TÚ, NOS LA DAS TÚ.
EL FUEGO, CON SU BAILE A NUESTROS PIES.

NOS LO DAS TÚ.

QUE TRANSFORMA TU ALIMENTO.
SON PEQUEÑOS SOLES TUYOS.
QUE DIBUJAS A TUS HIJOS.
SÓLO TÚ, SIEMPRE TÚ, NOS LOS DAS TÚ.
LA VIDA, QUE NOS REGALAS HOY TAMBIÉN.

NOS LA DAS TÚ.
MILAGRO QUE GRITA TU NOMBRE.
QUE SE DA Y NO SE EXTINGUE.
QUE VIVIÓ Y VIVIRÁ.
Y QUE SIGUE TUS CAMINOS.

SÓLO TÚ.
ERES TÚ, NOS LA DAS TÚ.

LA QUIERO PORQUE VIENE DE TI.
LA QUIERO PORQUE EN ELLA ESTÁS TÚ.
TU NOMBRE, TUS MANOS, TU LUZ.
SÓLO TÚ, ERAS TÚ.
SIEMPRE TÚ, NOS LA DAS TÚ.
VIENES A MÍ, OTRA VEZ.
TRANSFORMADO EN ALIMENTO.
ERES TÚ, SÓLO TÚ.

AGUA Y VIDA.
FRÍO Y FUEGO.
CUERPO Y ALMA.
QUE SE ENTREGAN.

ERES TÚ, SÓLO TÚ.
SÓLO TÚ.
NOS LO DAS TÚ.

NUESTRO DESTINO

SU CUERPO ES UNO.
MANOS Y PIES, DE HOMBRE.

UN SOLO CUERPO.
UN HOMBRE SÓLO.

PARTICIPAN DEL CUERPO.
TODOS LO HACEN.
LO HAGAN O NO.
ESTÁN EN COMÚN UNIÓN.
SON COMUNIÓN.
LO SEAN O NO.

SÓLO UNAS MANOS.
SÓLO UNOS PIES.

UN SOLO SER HOMBRE.
TODOS SON UNO.

LA UNIDAD NOS LLAMA.
OIGAMOS SU VOZ.

SON NUESTRAS MANOS.
SUS MANOS.

ES NUESTRO DESTINO.
GLORIOSO.

NUESTRO DESTINO.
DE LUZ SIN NIEBLA.

DE TIEMPO QUE NO PESA.
DE ILUSIÓN QUE SE RENUEVA.

NUESTRO DESTINO.
ESPERANZA DEL OTRO.

REPROCHES OLVIDADOS.
YA ABRE LOS OJOS.

NUESTRO DESTINO.
DE NUEVO ENAMORADO.

SE SORPRENDE DE UNA VIDA.
TAN QUERIDA AL FIN.

NUESTRO DESTINO.
DESNUDOS DE CANSANCIO.
VESTIDOS DE BODA.
¿ES A MÍ A QUIEN MIRAS?

MAL SUEÑO

ESTABAS ENTERRANDO MI CUERPO.
JUNTO A LA VERJA DEL JARDÍN.
TRAS LA CASETA DEL PERRO.
Y LA FOSA QUE CAVABAS SE LLENABA DE AGUA CON LA LLUVIA.
TIERRA OSCURA, AGUA NEGRA.
Y YO ESTABA MUY AGRADECIDO.
Y TENÍA MUCHA PRISA PORQUE A LAS 8 SALDRÍA MI AVIÓN.
Y PENSABA QUE EN UNA FOSA TAN POCO PROFUNDA LOS PERROS SE COMERÍAN MI CADÁVER.
Y PENSABA QUE JUSTO AL LADO DE MI TUMBA YO CAVÉ ANTES OTRAS.
PARA MIS NIÑOS MUERTOS.
Y PENSABA QUE PRONTO SERÍAN ENCONTRADOS.
¿ES QUE NO LOS HA VISTO NADIE?
¿ES QUE NO OYEN SUS GRITOS, SUS VOCES EN EL AGUA?
Y TE PEDÍ QUE LANZASES YA MI CUERPO A LA FOSA ANEGADA.
DENTRO DE SU FUNDA DE PLÁSTICO.
SIN IMPORTAR SI AÚN RESPIRABA O NO.
TUS PUÑALADAS DEBIERON HABER SIDO SUFICIENTES.

ME SORPRENDIÓ NO SENTIR EL FRÍO.
ME PREGUNTÉ SI SERÍA ENTONCES CUANDO MORIRÍA.
AHOGADO EN UN FRÍO NEGRO.
EN MI SACO MADE IN CHINA.

RESPIRANDO UN AGUA SUCIA.
CON LA CARA HACIA ABAJO.
LOS BRAZOS DISLOCADOS, Y TORCIDOS.
Y COSIDO A PUÑALADAS.
ERAN LAS 8 MENOS CUARTO.
MI AVIÓN SALÍA A LAS 8.
COGÍ MI GABARDINA.
Y TE PEDÍ QUE ME LLEVARAS AL AEROPUERTO.
PERO TÚ NO ME OÍAS.
TÚ SÓLO SONREÍAS.
Y CORRISTE ALEGRE POR EL JARDÍN.
Y LA LLUVIA LIMPIÓ TUS MANOS, TU CARA Y TU PELO.
Y POR FIN ENTRASTE EN CASA.
PARA DESAYUNAR.

QUE FUE SIEMPRE HACIA TI

QUÉ HARÉ CON TUS MANOS.
SINO PONERLAS.
SOBRE MI CABEZA.

SINO COLGAR A SU SOMBRA.
TRISTEZA, IRA Y LAMENTOS.
QUÉ HARÉ....QUÉ HARÉ.

SINO DESVESTIRME EN TU PALABRA.
Y ROBAR EN ELLA.
EL FRESCOR DE TU REFUGIO.

YA LAS DUDAS SE DESHACEN COMO ESTA NOCHE.
EN LA LUZ DE TU MIRADA.

Y LOS BROTES SE PREPARAN.
A RECIBIR DE VERDE TU REGALO.

QUÉ HARÉ CON TUS PASOS.
SINO BUSCAR SU HUELLA.

Cómo agradecerte.
Tu mirada en mí.
Ojos que aún convocan.
Aventura, posibilidad, y vida.

Saldremos a buscar troncos por la playa.
Veremos caras en las ramas torcidas.
Animales, sombras, no sólo raíces.
Almas presas de un hechizo.
De espuma blanca otra vez.

La lluvia sobre estos escenarios.
Caerá un día sin memoria.

Y otro día sobre otros.
Que después vendrán.

Mas no borrará tu presencia.
En el viento que ahora, tarde.
Se congela a tus pies, arrodillado.

Ven ahora.
Tengo frío.
Ya no sé dónde he puesto.
Mi promesa.
Mi memoria.

Y camino ya un camino...
Que fue siempre hacia ti.

LA ENCINA

MAMAÍTA QUERIDA.
SÁLVAME ESA ENCINA.
PARA TI RESULTA FÁCIL.
Y ESTÁ TAN ENFERMA...

HAZ QUE CREZCA, GRANDE Y FUERTE.
COMO LO FUE SU MADRE.
Y QUE SU SOMBRA SE ALARGUE.
SERENA BAJO EL SOL.
QUE LOS HOMBRES LA DISFRUTEN.
Y LOS HIJOS DE SUS HIJOS.
ALIMENTO PARA OTROS.
Y COBIJO DE LOS PÁJAROS.
ESAS COSAS, TAN PEQUEÑAS.
TAN FUGACES, TAN ETERNAS.
CÓMO BAILAN EN EL VIENTO.
COMO LO HICISTE TÚ.

MAMAÍTA, PRECIOSA.
CARA DE ÁGUILA, RISA PRESENTE.
MAMAÍTA, QUERIDA.
SÁLVAMELA TÚ.

MAMAÍTA, PUERTA ABIERTA.
SÁLVAME ESA ENCINA.
MAMAÍTA, CASA FUERTE.
SÁLVAMELA TÚ.

SÁBANAS ROTAS

DE ESTE POZO DE ALAS ROTAS.
SACARÉ FUERZA PARA LUCHAR.

DE LOS NOMBRES YA OLVIDADOS.
SACARÉ MÚSICA.
PARA CANTAR.

PARA CONTARTE CON PALABRAS.
LO QUE EXPLICA EL VIENTO.

CUANDO LA TARDE SE HACE NOCHE.
Y NO PODEMOS LLORAR.

DE ESTE POZO DE PALABRAS.
SALEN MANOS, SALEN BRAZOS.
Y NO PARECEN HALLARLOS.
NUESTROS OJOS AL PASAR.

ÉRAMOS NIÑOS.
TODO ERA BLANCO.
¿POR QUÉ TEÑIMOS DE ROJO
LOS JUGUETES, EL AJUAR?.

SÁBANAS BLANCAS.
SÁBANAS ROTAS.
MANCHAS DE SANGRE.
SOBRE EL ALTAR.

YO NO OS OLVIDO.
GENTE CON HAMBRE.
HAMBRE DE SUEÑOS.
SUEÑOS DE HOGAR.

DE ESTE POZO DE ALAS ROTAS.

SACARÉ FUERZAS PARA VOLAR.

DE LA GENTE YA OLVIDADA.
Y AÚN SIGUEN VIVOS.
SACARÉ MÚSICA.
PARA CANTAR.

PARA CONTARTE CON PALABRAS.
LO QUE EXPLICA EL VIENTO.

CUANDO LA TARDE SE HACE NOCHE.
Y NO PODEMOS LLORAR.

SÁBANAS BLANCAS.
SÁBANAS ROTAS.
MANCHAS DE SANGRE.
SOBRE EL ALTAR.

YO NO OS OLVIDO.
GENTE CON HAMBRE.

HAMBRE DE SUEÑOS.
SUEÑOS DE HOGAR.

QUE SUEÑA NACER

NO MEDIADORES.
SINO SERVIDORES.

NO HOLOCAUSTOS.
SINO MISERICORDIA.

NO INTERCESIÓN.
SINO ENTREGA.

NO PALABRAS.
SINO ACTOS.

NO REGLAS.

Sino brazos abiertos.

No negro.
Sino verde, azul, amarillo.

No especulaciones.
No viajes mentales.

No interpretaciones.
Sino oídos.

No primeros.
Sino últimos.

No grandezas.
Sino acercamientos.

Todo está dicho.
La Palabra brilla.

Al alcance de todos.
Pentecostés de verdad.
De amor y de perdón.
Palabra clara.
Que sueña nacer.

Y no busca traductores.
Sólo quien la viva.

No mediadores.
Sino servidores.

No holocaustos.
Sino misericordia.

REDENTOR DEL MUNDO

POR TU PALABRA.
NO POR UN PRECIO.
QUE DEBIERAS PAGAR.

IMAGEN Y SEMEJANZA.
ENTREGA TOTAL.

PERDÓNALES, DIJISTE.
PORQUE NO SABEN.
LO QUE HACEN.

NO LO QUERÍA ÉL.
SI LO HUBIERA QUERIDO.

¿A QUÉ LE PEDÍAS
NOS PERDONASE?

HUBIÉRAMOS CUMPLIDO.
SU VOLUNTAD.

NO, NO ES ASÍ.
FUE UN CRIMEN PAVOROSO.
UN LATROCINIO HORRENDO.
DEL CUAL AMOR SACA.
IMAGEN Y SEMEJANZA.
LIBREMENTE ACEPTADA.
IMAGEN Y SEMEJANZA.
PARA SU HIJO EL HOMBRE.
UNA ENTREGA ABSOLUTA.
SIN RESERVA DE NADA.

UN SOLO DIOS, UN SOLO HOMBRE.
AHORA, ANTES Y DESPUÉS.
DIOS SIEMPRE ESTUVO.
CRUCIFICADO.
LA CRUZ ES ENTREGA.

Como Amor es entrega.
La cruz es camino.
Y camino de hermosura.

Saber que construirán

Es una inmensa alegría.
Saber que construirán.

Construirán barcos.
Construirán casas.

Construirán jardines.
Los hombres construirán.

Y en las casas nacerán.
Y los barcos viajarán.

Y los jardines verán.
Caras nuevas, y canciones.

Y los barcos y las casas, los jardines y los hombres.
Cansados un día, se dormirán.

Y los niños seguirán.
Y harán barcos, y jardines.
Y hogares donde el hombre.
Será un niño otra vez.

Así vivirán.
Así vivimos.

Los hogares, los jardines y los hombres.
Barcos nuevos, nuevos hombres.

El mismo hombre.
El Hombre.

ES UNA INMENSA ALEGRÍA.
SABER QUE CONSTRUIRÁN.

~~~~

REGALOS DE DESPEDIDA

ESTA NOCHE HAN LLOVIDO
PÉTALOS DE CEREZO.
SOBRE EL CRISTAL DE MI VIEJO COCHE,
COMO GOTAS ROSAS,
SU BALLET AL CAER ES UN REGALO.

HE VENIDO A RECOGER
LOS REGALOS DE DESPEDIDA
QUE HAS PREPARADO PARA MÍ.
Y COMO UN IDIOTA, LLEGO TARDE UNA VEZ MÁS.
PERO EL SOL CON SU PACIENCIA, RESUCITA MIS HUESOS,
MIENTRAS ESPERO
SENTADO ANTE TU PUERTA.

SOBRE UNA LOSA DEL SUELO,
QUE TOCA EL MURO,
UN MILAGRO IMPOSIBLE.

6 HOJAS, ALGO DE VERDE Y AMARILLO,
SÓLO UNA HIERBA, NADA MÁS.
SIN TIERRA EN EL REGISTRO, SIN RAÍCES, SE AGARRA A LA
PIEDRA, DESAFIANTE, CON ALFILERES MÁGICOS.
SE SOSTIENE DEL AIRE, NO PLANIFICA, Y DESPLIEGA SUS HOJAS, AGRADECIDA.
DESPLIEGA SUS HOJAS, QUE TIÑEN DE VERDE Y DE
AMARILLO EL GRIS DEL SUELO, LO BLANCO DEL MURO, LO
NEGRO DEL ALMA.
FUERTE, DECIDIDA, NO TIENE TIEMPO PARA EL MIEDO.
EL TIEMPO ES HOY, AHORA, Y BRILLA EL SOL, CON ESO BASTA.
ME ACERCO, LA ACARICIO, PRIMERO CON LOS OJOS, LUEGO
CON LAS MANOS, POR FIN LO ENTIENDO, Y ME ARRODILLO.

QUÉDATE CONMIGO, DAME TUS COLORES, HE COMPRENDIDO.
CADA RESPIRACIÓN SERÁ UN REGALO, CADA GOTA DE

SANGRE EN EL CORAZÓN, CADA PÁJARO QUE VEAMOS, UN REGALO.
ESTA NOCHE HAN LLOVIDO
PÉTALOS DE CEREZO.
ROSA, VERDE, Y AMARILLO.
Y ESTE SOL, QUE ES UN REGALO.
TODO FUERON REGALOS.
REGALOS QUE SON SIEMPRE
REGALOS DE DESPEDIDA.

SALTAR LOS MUROS

DAME LA SABIDURÍA DE QUIEN NO CRITICA.
DAME LAS PIERNAS, EL VALOR, DE QUIEN SALTA MUROS.
LOS MUROS DEL PROPIO CORAZÓN.

DAME RECORDAR QUE CON EL CARPINTERO NO ME
ENCONTRARÉ TANTO ANTE EL SAGRARIO, NI SIQUIERA
TANTO EN LA COMUNIÓN CON SU CUERPO Y SANGRE,
COMO EN UN ABRAZO A MI HERMANO NECESITADO.

DAME COMPROBAR QUE TU ROSTRO VERDADERO, AQUEL
QUE NOS CAMBIA, SE NOS MUESTRA A SOLAS, EN ESTE HERMANO, EN ESTE
QUERIDO HERMANO NECESITADO.
DAME SEÑOR SALTAR LOS MUROS QUE ME APARTAN DE ÉL,
CUYA NECESIDAD ES MÍA, PARA TOCARTE, EN CUYA
NECESIDAD ME ESPERAS, COMO EN UN NUEVO PESEBRE.

DESPIÉRTAME SEÑOR CUANDO ME DESVÍO, Y TE BUSCO A
SOLAS ENTRE LOS MUROS DE UNA IGLESIA, ANTE EL
SILENCIO DE UNA CAJA, SI DE ESPALDAS A MI HERMANO,
VERDADERO SAGRARIO DONDE ADORARTE, VERDADERO
ENCUENTRO DE NUESTRAS MANOS.

SEGUIRÉ VINIENDO

SEGUIRÉ VINIENDO.
YA ESTOY LLEGANDO.
SEGUIRÉ VINIENDO.
YO AQUÍ A TU LADO.

COMO LLEGA EL RÍO.
Y LLEGA EL VERANO.
CUANDO SIENTAS FRÍO.
TENDERÉ MIS MANOS.

SEGUIRÉ VINIENDO.
YA ESTOY LLEGANDO.
SEGUIRÉ VINIENDO.
YO AQUÍ A TU LADO.

Y LLAGADAS TUS MANOS.
EN LUGAR DE LAS MÍAS.
YO CUBIERTO EN TU MANTO.
Y TÚ HERIDO EL COSTADO.

SEGUIRÉ VINIENDO.
YA ESTOY LLEGANDO.
SEGUIRÉ VINIENDO.
YO AQUÍ A TU LADO.

COMO LLEGA EL RÍO.
Y LLEGA EL VERANO.
CUANDO SIENTAS FRÍO.
TENDERÉ MIS MANOS.

COMO LLEGA EL RÍO.
Y LLEGA EL VERANO.
CUANDO SIENTAS FRÍO.
TENDERÉ MIS MANOS.

SAL A LA CALLE

¿Y DIOS?

¿DIOS?

ES EL QUE SE ALEGRA DEL OTRO.

POR ESO EXISTIMOS.

SÓLO POR ESA RAZÓN.

POR ESO SE PONE EL CIELO DE UN COLOR TAN ROSA AL AMANECER.

Y NARANJA, Y ROJO, MORADO, Y AZUL, CUANDO EL SOL SE DESPIDE, AL ANOCHECER.

POR ESO SE ABREN LAS RAMAS DEL ALMENDRO, Y ESTALLAN LOS CAPULLOS EN FLOR.

Y POR ESO LAS OLAS SOBRE LA ARENA, UNA Y OTRA VEZ, UNA Y OTRA VEZ.

Y LA LUNA Y LAS ESTRELLAS CANTAN SU CANCIÓN.

DIOS NO ES UN MISTERIO.

HA PERDIDO EL ANONIMATO.

SUS OBRAS HABLAN POR ÉL.

ÉL HABLA, ABRE LOS OJOS Y MIRA.

NO ESCUCHES, MIRA.

ES COMO UNA PELÍCULA MUDA.

PERO CON MÚSICA.

ES TODO OÍDOS, NO INTERRUMPE, NO GRITA,

ES TAMBIÉN VERBO, HA HABLADO.

Y ESTÁ ESCRITO.

ERES TÚ EL SORDO.

NO SEAS TAMBIÉN CIEGO, MIRA.

HABLA SIN PALABRAS.

ES COMO UNA PELÍCULA MUDA.

¿NO LO ENTIENDES AÚN?

SÓLO HABLA CON GESTOS.

LAS PALABRAS NO SIRVEN DE NADA.

AHÓRRATELAS.

HABLEMOS TAMBIÉN NOSOTROS CON GESTOS.

SIN RUIDO DE PALABRAS.

HABLEMOS ASÍ CON ÉL.

AMAR ES SOLO ESO, HABLAR CON GESTOS.

CUANDO HABLES ASÍ TODOS TE ENTENDERÁN.

RECUERDA LA CANCIÓN.

SI CONVIENE, EL AMOR CAMBIARÁ SUS DESIGNIOS, CUANDO
SE LO PIDAS CON GESTOS, NO CON PALABRAS.
Y SU MÚSICA LLEGARÁ A TU CORAZÓN.
SAL A LA CALLE.
EN LA CALLE TE ESPERA LA MÚSICA.
SAL A LA CALLE.
EN LA CALLE DIOS ESPERA.
EN CADA ESQUINA, DIOS.

SI ABRES LA VENTANA

SON ESCENARIOS TERRIBLES.
POR COTIDIANOS.

YO NO QUIERO VER LA MISMA PELÍCULA TODOS LOS DÍAS.
NO QUIERO SABER EL FINAL.

QUISIMOS MATAR LA INCERTIDUMBRE.
PERO OTRO DE SUS NOMBRES ES LA VIDA.

SIN SORPRESAS, NADA DE EXPERIMENTOS, ASEGÚRATE.
EL ENIGMA RESUELTO, POR FAVOR.

MIEDO DE LA VIDA.
MUERTE ANTICIPADA.
CEREMONIAS Y RUTINAS.
TIERRA SOBRE MI ALMA.

CUERPOS QUE SE MUEVEN.
ALMAS ENTERRADAS.
DÍAS QUE SON NOCHES.
ESPERANZAS CALCULADAS.

¿ERA ESTO LA VIDA?
¿NO ESPERÁIS ACASO NADA?

ESTO ES LO QUE HAY.
PARA SOÑAR LA ALMOHADA.

¡NO!

BAJARÉ DESNUDO AL RÍO.

TEMPRANO, DE MAÑANA.

BUSCARÉ LA INCERTIDUMBRE.
ME BAÑARÉ EN SU AGUA.

LA BRISA Y EL MIEDO.
BESARÁN MI CARA.
CON ELLAS VENDRÁ ESPERANZA.

LAS DOS SEÑORAS SE SIENTAN A MI LADO.
AGUARDAN UN NUEVO DÍA.
PREÑADO DE MISTERIO.

Y VENDRÁN LOS REYES MAGOS.
QUE TRAERÁN NUEVOS REGALOS.

ESTA MISMA NOCHE.
SI ABRES LA VENTANA...

SI CALLÁIS AHORA

UNA VOZ CANTA EN CORO.
UN SOLO HOMBRE.
UN SOLO DIOS.
UN SER DIVINO.
UNO LOS DOS.

ESCUCHA LA VOZ DE QUIEN DICE.
HAY MUCHAS PERSONAS.
Y UN SOLO HOMBRE.

MUCHAS SON LAS CARAS.
UNO SOLO EL SER HUMANO.
AL DESPERTAR LO VERÁS.
SER ES PLURAL, O ES NO SER.

DECIDME, PIEDRAS.
SI UN SOLO DIOS.
Y UN SOLO HOMBRE.

ENTONCES EL HOMBRE.
QUE SALE DE DIOS.

ESTÁ DESTINADO.
A SER EN DIOS.

OTRO HOMBRE, EL MISMO HOMBRE.

IMAGEN DE DIOS.
EL MISMO DIOS.

SI CALLÁIS AHORA.
GRITARÁN LAS PIEDRAS.

GRITARÁN QUE ES UNO.
EL HOMBRE Y DIOS.

Si calláis ahora.
Gritarán las piedras.

Uno es el hombre.
Uno es con Dios.

Si el sol fuese de Kim Jong-un

Si el sol fuese de Kim Jong-un
No saldría para todos.

Si el mar fuera del Daesh.
Se alzaría sobre nosotros.
Y nos aplastaría.

Si el aire fuese de Boko Haram.
Sería el fin para todos.

También para las mariposas.
Y los caballos de mar.

Gracias Dios mío.

Gracias.

Señor de las mariposas.
Y de los caballos de mar.

Por el sol que nos calienta.

Un aire dulce para todos.
El mar que nos alimenta, y aún nos acoge.

Gracias Dios mío.
Gracias, Señor.

SI HOY NO, NUNCA

AMAREMOS.
SI NO AMAMOS HOY, NO AMAREMOS.

COMPRENDEREMOS.
SI NO COMPRENDEMOS HOY, NO COMPRENDEREMOS.

LUCHAREMOS.
SI NO LUCHAMOS HOY, NO LUCHAREMOS.

OLVIDAREMOS.
SI NO OLVIDAMOS HOY, NO OLVIDAREMOS.

RECORDAREMOS.
SI NO RECORDAMOS HOY, NO RECORDAREMOS.

PERDONAREMOS.
SI NO PERDONAMOS HOY, NO PERDONAREMOS.

ESCRIBIREMOS.
SI NO ESCRIBIMOS HOY, NO ESCRIBIREMOS.

HOY ES PARA AMAR, PARA COMPRENDER, PARA LUCHAR,
PARA OLVIDAR, PARA RECORDAR, PARA PERDONAR, PARA ESCRIBIR.

SI TE QUEDARAS AQUÍ

SI TE QUEDARAS AQUÍ.
SI NO TE ECHASE A PATADAS.

EL TIEMPO JUSTO.
DE ALZAR LAS ALAS.

SI COMPRENDIESE QUE TE DESPRECIO.
EN LOS GOLPES A MÍ MISMO.

QUE CUBREN TU PIEL.
DE MORATONES.

SI VIESE QUÉ SOLO TE QUEDAS SIN MÍ.
QUE TE DUELO EN MI CUERPO.
PORQUE ME OFENDO.

QUE TE FALTA MI PAZ.
PARA LLEGAR A PUERTO.

ENAMORADO A MIS PIES.
COMO UN NIÑO SIN MADRE.

SI TE QUEDARAS AQUÍ.
SI NO TE ECHASE A PATADAS.

EL TIEMPO SÓLO.
DE ALZAR LAS ALAS.

SOMOS EL HOMBRE

NO ERES UN HOMBRE.
ERES EL HOMBRE.

EL HOMBRE ES UNO.
EL MISMO HOMBRE.

HOMBRE PADRE.
HOMBRE AMIGO.

HOMBRE HERMANO.
HOMBRE HIJO.

HOMBRE ESPOSO.
HOMBRE CANSADO.

HOMBRE PERDIDO.
HOMBRE HALLADO.

Hombre futuro.
Hombre pasado.

Hombre aturdido.
Hombre añorado.

Hombre esperanza.
Hombre pisado.

Hombre que mira.
El mar airado.

Son los mismos funerales.
Las mismas esperanzas.
Los mismos sueños.
Las mismas asechanzas.
Los mismos fríos.

Los mismos vados.
Las mismas lunas.
Los mismos cerrados.

El mismo hombre.
Sólo un hombre.

Somos el hombre.
Dame la mano.

Somos el hombre.
Todos hermanos.

Y la muerte en derrota.
Puede un poco.
De uno en uno.

Pero no con el hombre.
El mismo hombre.

Somos el hombre.
Dame la mano.

TE PEDIRÉ PARA MÍ

PRIMERO TE MOSTRARÉ LA NECESIDAD.
LUEGO TE PEDIRÉ PARA MÍ.

ME PERTENECES.
YO TE PENSÉ.

TE SOSTENDRÉ.
LO TENGO PREVISTO.

HASTA TUS DUDAS.
HASTA TU MIEDO.
HASTA TU INCAPACIDAD.

HARÉ QUE TE CREZCAN ALAS.
TE ELEVARÁS SOBRE LAS CERTEZAS.
MI VOLUNTAD SERÁ TU PATRIMONIO.

TE QUITARÉ LO DEMÁS.
NO LO NECESITAS.
SOY EL DUEÑO DEL SOL.

HE DISPUESTO LAS ESTACIONES.
LAS HOJAS VOLVERÁN A BROTAR.

LO HE DICHO, Y LO HARÉ.
ME PIDES QUE TE PREPARE.
LO HE ESTADO HACIENDO.

DESDE QUE RESPIRASTE POR PRIMERA VEZ.
SE ACABA EL TIEMPO.
TE PEDIRÉ PARA MÍ.
ENCONTRARÁS TU TESORO.
TE DARÉ PALABRAS.
HABLARÁS DE MI CORAZÓN.
COMPRENDERÁS POR FIN.
Y DESCANSARÁS.

SUJETOS DE LA SOLIDARIDAD

HAGAMOS UNA TIENDA PARA NOSOTROS.
SE ESTÁ TAN BIEN AQUÍ.

PARA NOSOTROS. SÓLO PARA NOSOTROS, PORQUE SOMOS
DISTINTOS QUE ELLOS.

NOSOTROS, QUE SOMOS MEJORES QUE ELLOS.

NOSOTROS, QUE NOS LO MERECEMOS MÁS, POR ESTO Y POR
LO OTRO, ESCUCHA, BLA, BLA Y BLA.

NO ME HABLES AHORA DE PARENTESCOS.
NO TE ESCUCHARÉ.

UN DIOS. UN HOMBRE.
UNO Y TRES. UNO Y MILES.
SOLO UNO. UNO SÓLO.

UNIDAD Y MULTIPERSONALIDAD.
ESA ES LA ESENCIA.
ESENCIA QUE SOMOS, PERO QUE HUIMOS.

CUANDO NOS APARTAMOS, DIFERENTES, OTROS UNOS.

SUJETOS DE SOLIDARIDAD.
VERDADERO QUID.
AUTÉNTICO DEBATE.

ELLOS FUERA DE NOSOTROS. QUE SE ORGANICEN ELLOS,
QUE YA NOS ORGANIZAREMOS NOSOTROS.
NOSOTROS, ESPACIO, ELLOS.

PERO UN NIÑO DICE ESTO.
¿NO ESCUCHASTEIS AL SABIO?
UNO PARA TODOS.

Y TODOS PARA UNO.

TRES, PERO UNO.
UNO, Y MILES.
SUJETOS DE LA SOLIDARIDAD.
IMAGEN Y SEMEJANZA.

QUÉ PRONTO OLVIDAMOS.
LO QUE NUNCA APRENDIMOS.

UNIDAD Y MULTIPERSONALIDAD.
UNO Y MÚLTIPLES.
QUÉDATE POR FAVOR, COMPRENDE.
SERÁS TAMBIÉN, YA LO ERES, UNO CON NOSOTROS.

TENGO EL ALMA GITANA

TENGO EL ALMA GITANA.
ELLA BUSCA PERDERSE.
EN UN MUNDO QUE ESPERA.

CANTAR CANCIONES AL VIENTO.
OLER EL HUMO DE UNA HOGUERA.

QUE SUBE AL CIELO.
COMO LA HIEDRA.

QUE SUBE AL CIELO.
YA SE DESHACE.
Y DEJA AQUÍ.
CALOR AMABLE.

LAS ESTRELLAS NOS SALUDAN.
Y LAS BRASAS, QUE CALLADAS,
SE ENCIENDEN, Y SE APAGAN.
GRIS Y NEGRO, ROJO Y BLANCO.
ESCUCHANDO TU PALABRA.
ESCUCHANDO TU PALABRA.

Que abre puertas a lo nuevo.
Y se consumen, airadas.
Tengo el alma gitana.

Otra vez este milagro.
De naranja ahora intenso.
Que susurra fugaz su partida.
Escuchando tu palabra.

Y mis pies morenos.
Andan pasos en el polvo.
Un camino que se pierde.
Una brisa que nos llama.
Un momento.

Un suspiro.
Tengo el alma gitana.

Tengo el alma gitana.
Un lamento.
Una mirada.

No te quedes.
Anda sólo...

Tengo el alma gitana.
Tengo el alma gitana.
Tengo el alma, sí, gitana.

VOLVERÉ AL VERDE

EL MISMO VERDE.
DESDE QUE EL TIEMPO ES TIEMPO.
EL MISMO VERDE, EL MISMO AZUL.
EL MISMO MORADO, ROSA Y NARANJA.
EL MISMO NEGRO.
LAS MISMAS ESTRELLAS.
AGUA, AIRE, TIERRA Y FUEGO.
LAS MISMAS NUBES, SIEMPRE DISTINTAS.
SON ESCENARIOS.
SIEMPRE CAMBIANTES.
SIEMPRE LOS MISMOS.
LOS MISMOS HOMBRES.
EL MISMO HOMBRE.
EL HOMBRE.
EL MISMO VERDE.
VOLVERÉ AL VERDE.

SI YO EXISTIERA

SI YO EXISTIERA.
SALDRÍA EL SOL CADA DÍA.

AIRE PARA RESPIRAR.
AGUA SOBRE LOS CAMPOS.

SI YO EXISTIERA.
VENDRÍAN NIÑOS.

ÁRBOLES NUEVOS.
VIDAS QUE ESPERAN.

SI YO EXISTIERA.
SI YO EXISTIERA.
SI YO EXISTIERA.
Y TÚ ME AMARAS.

Si yo existiera.
Si yo existiera.
Si yo existiera.
Y tú me hablaras.

Tú también existirías.
Como manos mías.
Que llevasen alma.
Que llevasen fuego.
Que llevasen vida.
Si tú existieras.
Que llevasen lluvia.

Que llevasen trueno.
Esperanza blanca.
Si tú me hablaras.
Si tú existieras.
Verdes campos.
Oro en otoño.

Tierra labrada.
Si tú existieras.
Y yo existiera.
Si tú existieras.
Y yo te hablara.
Si yo existiera.
Si tú existieras.
Si tú existieras.
Y yo te amara.

Y VAMOS LLEGANDO

ES EL PASO DE TODOS.
Y VAMOS LLEGANDO.

NO TE OCURRE SÓLO A TI.
CONVÉNCETE.

ESTÁ A LA VISTA.
YA TE HA TOCADO.

TE HA TOCADO LOS PIES.
TE HA TOCADO LAS MANOS.

TE HA DEJADO DESNUDO.
MOLESTIA PARA AQUELLOS.
QUE PREFIEREN NO VER.

PERO EL PASO VA LLEGANDO.
COMO UN MANTO DE ESTRELLAS.
QUE TODO LO CUBRE.

MUDOS, MANCOS, TUERTOS.
QUE TODO LO VEN.

MUERTOS, CUERVOS, HUERCOS.
CAEN HACIA LO ALTO.

COMO TODOS CAEN.
Y VAMOS LLEGANDO.

TUS MANOS ESCONDIDAS

YO SOY TUYO.
CADA UNO DE UN COLOR.
TAMBIÉN ESTE COLOR.
PARA HACER TU ARCO IRIS.

USA TU MANO SOBRE MÍ.
MEZCLA LOS TONOS COMO SABES.
SON PARTES DE UN CUADRO.
AÚN POR TERMINAR.

ALGUNA VEZ LO VEREMOS.
MIENTRAS TANTO.
SÓLO ME RESTA AÑORAR.
TUS MANOS ESCONDIDAS.

EN LA SOMBRA DE UN ÁRBOL.
EN LA BRISA DEL MAR.
EN ESTOS GORRIONES.

QUE CONFÍAN EN TI.
UNA Y OTRA VEZ. UNA Y OTRA VEZ.

TIENES QUIEN TE DEFIENDE

¿DÓNDE ESTÁN LOS QUE TE ACUSAN?
TODOS SE HAN IDO.
HAN HUIDO, SE HAN DISPERSADO.
PORQUE TIENES QUIEN TE DEFIENDE.

ERES PRECIOSO A MIS OJOS.
Y HAN HUIDO, SE HAN DISPERSADO.

LOS TIBURONES SIGUEN SURCANDO LOS MARES.
EL AGUA SIGUE FLUYENDO.
LA LUZ DEL SOL SALE SOBRE VOSOTROS.

Y AHORA QUE TE PRESENTAS A MI LADO.
TIENES QUIEN TE DEFIENDE.
TIENES QUIEN TE DEFIENDE
Y NO TE ALCANZARÁN LAS PIEDRAS.

TIENES QUIEN TE DEFIENDE.
Y NO SE PERDERÁ.

NI UN SOLO CABELLO DE TU CABEZA.

SIN AMOR NO ES NADA

LLEGO A TI A TRAVÉS DEL AMOR.
PARA AMAR LO QUE QUEDA DE AMAR.
Y ENCONTRAR LO QUE AMOR VE EN TI.

LO PRECIOSO, LO ÚNICO.

LO DIGNO QUE TIENES.

UN TESORO PARA AMOR.

QUE TIENE AMOR.
SÓLO PARA TI.

PORQUE ERES PARA ÉL DIFERENTE A TODOS.
POR SER ÉL SIN TI DISTINTO.
PORQUE TÚ LE FALTAS.
PORQUE ERES, PORQUE CONFORMAS.
UNA DE SUS CARAS.

CARAS DEL AMOR.
CARAS PORQUE AMOR.
TODO ES AMOR.
Y SIN AMOR NO ES NADA.

TE SEGUIRÉ AMANDO

CUANDO TODOS LOS NOMBRES ESTÉN OLVIDADOS.
Y NO QUEDEN PALABRAS POR RECORDAR.
AÚN EN ESE DÍA DE MEMORIAS PERDIDAS.
TE SEGUIRÉ AMANDO.

TE SEGUIRÉ AMANDO.
TE SEGUIRÉ AMANDO.

YO TE SEGUIRÉ AMANDO.

TE SEGUIRÉ AMANDO.
Y LAS ESTRELLAS SE HABRÁN IDO.

TE SEGUIRÉ AMANDO.
Y EL TIEMPO FUE UN VIEJO POBRE.
POBRE DE TIEMPO.
QUE SE DURMIÓ SENTADO AL SOL.
Y NO DESPERTÓ.

TE SEGUIRÉ AMANDO.
Y LAS ALMAS DE LOS ÁRBOLES FLOTARÁN.

TE SEGUIRÉ AMANDO.
Y LAS ROCAS SERÁN POLVO.
Y DEL POLVO NACERÁN.
OTRAS ROCAS.

QUE SE IRÁN.

TE SEGUIRÉ AMANDO.
TE SEGUIRÉ AMANDO.
YO TE SEGUIRÉ AMANDO.

TE SEGUIRÉ AMANDO.
TE SEGUIRÉ AMANDO.

YO TE SEGUIRÉ AMANDO.

CUANDO TODOS LOS BESOS SE HAYAN DADO.
Y NO QUEDEN PALABRAS POR EXPLICAR.

EN EL HUECO DE TUS MANOS.
TE SEGUIRÉ AMANDO.

BAJO EL BAILE DE TUS PIES.
ME ESCONDERÁS.

A LA SOMBRA DE TUS ALAS MI MORADA.

SEREMOS TÚ.
SERÁS NOSOTROS.

Y EN UN PLIEGUE DE TU MANTO.

TE SEGUIRÉ AMANDO.
TE SEGUIRÉ AMANDO.

YO TE SEGUIRÉ AMANDO.

SI NO ALCANZA PARA TODOS

SI NO ALCANZA PARA TODOS.
QUÉ HAREMOS, ¿NOS IREMOS?
¿ABRIREMOS LAS PUERTAS?
¿TENDEREMOS LAS MANOS?
¿O BUSCAREMOS UN LUGAR A SALVO DE LOS GRITOS?
SI NO ALCANZA PARA TODOS ¿SALTARÉ CON MIS HERMANOS?
NO QUIERO UN CIELO QUE FALTA A LA CALMA POR LA AUSENCIA.
LA AUSENCIA, QUE SE SIENTA A NUESTRO LADO Y NOS MIRA.
COMO UN FANTASMA QUE SE CUELA.
POR LAS RENDIJAS DE NUESTRAS PUERTAS BIEN CERRADAS.

SI NO ALCANZA PARA TODOS, Y NO ABRIMOS NUESTRAS MANOS.
SI NO ALCANZA PARA TODOS, MÁS ALLÁ DE LOS BENDITOS.

SI NO ALCANZA PARA TODOS, YO NO QUIERO PRIVILEGIOS.
Y SEREMOS HERMANOS EN HAMBRE, FRÍO, Y MUERTE.
VESTIREMOS UN SUDARIO, UNA SÁBANA DIGNA, SI NO ALCANZA PARA TODOS.
VESTIREMOS UN SUDARIO, ABRIREMOS NUESTRAS MANOS.
SI NO ALCANZA.
SI NO ALCANZA.
SI NO ALCANZA PARA TODOS.

TODO ESTÁ BIEN

TE ACOMPAÑABAN LOS QUE TÚ ESCOGISTE, Y NO
ENTENDÍAN NADA, ¿PUDISTE ESCOGER A ALGUIEN MEJOR?

¿TE EQUIVOCASTE?

¿EXISTÍAN HOMBRES -EXISTEN AHORA- QUE TE HUBIESEN
ACOMPAÑADO HASTA EL FIN?

SI PUDISTE ESCOGER MEJOR, Y NO LO HICISTE, ¿FUE
PORQUE NO SUPISTE O FUE PORQUE NO QUISISTE?

¿SABÍAS LO QUE HACÍAS CUANDO LOS LLAMASTE?

¿SABES LO QUE HACES CUANDO NOS LLAMAS?

OH MISTERIO, QUE DE PIEDRAS ROTAS HACES UN MURO, Y
DE SUS FORMAS AMORFAS LA CASA, Y A TRAVÉS DE SUS
PUERTAS SE ACCEDE A UN HOGAR, DONDE EL AMOR ES
MADERA QUE ARDE, Y CALIENTA SUS ESTANCIAS, Y TANTAS
COMO GRANOS DE ARENA.

EN TODAS ELLAS LOS AMANTES SE ENCUENTRAN Y SE UNEN.

ES UN ENCUENTRO ÍNTIMO, SÓLO PARA ELLOS, PERO A
TRAVÉS DE ESA INTIMIDAD SE UNEN TAMBIÉN A LOS OTROS,
PIEDRAS DE UN MISMO MURO, MURO EN LA MISMA CASA.

TE EQUIVOCAS CUANDO ESCOGES LO TORCIDO, ¿O ES QUE
ACASO LO TORCIDO NO ES TORCIDO PARA TI?

SOSTIENES LA PIEDRA EN TU MANO, LA GIRAS Y LA LEVANTAS.

MIRAS SUS LADOS Y PIENSAS.
Y ENCUENTRAS UN LUGAR EN EL MURO.
Y SIN ESE LUGAR EL MURO YA NO SERÍA EL MISMO.
Y LA CASA DISTINTA.

SUS ESTANCIAS MERMADAS.
SUS ENCUENTROS PERDIDOS.
YA NO TENDRÍAN LUGAR.

ASÍ YO AMO ESTOS LADOS QUE SE EMPEÑAN EN SU FORMA.
YA NO LOS QUIERO DISTINTOS, SI TÚ LOS BUSCAS.
Y ME ACOJO A TU SOMBRA BENDITA, A TU LADO.
Y TE BESO LOS PIES DESCALZOS, EL BORDE DE TU TÚNICA,
MANCHADA DE CAMINOS.

GRACIAS SEÑOR POR TUS GUSTOS.
TODO ESTÁ BIEN.

SOMOS PARA DARNOS

VETE DE MI LENGUA.
VEN A MIS MANOS.
LEJOS DE UN CONCEPTO.
SOMOS PARA DARNOS.

SOMOS PARA DARNOS.
Y YA AMANECE.
Y EL TIEMPO ES SÓLO TIEMPO.
QUE DESAPARECE.

SOMOS PARA DARNOS.
SIN GUARDAR NADA.
ALIMENTO Y VIDA.
EN EL OTRO HALLADA.

SOMOS PARA DARNOS.
ESE ES EL SECRETO.
ES EL GRAN TESORO.
MANOS PARA AMARNOS.

SOMOS PARA DARNOS.
ES NUESTRA ESPERANZA.
VERDAD Y CONSUELO.
SOLA SEMEJANZA.

VETE DE MI LENGUA.
VEN A MIS MANOS.
LEJOS DE UN CONCEPTO.
SOMOS PARA DARNOS.

SON LAS MISMAS FLORES

LAS FLORES NO SE OLVIDAN.
ELLAS NO SE HAN IDO.
SON LAS MISMAS FLORES.
HAN PERMANECIDO.

LAS MISMAS FLORES.
QUE DESPIERTAN LOS ALMENDROS.

LAS MISMAS FLORES.
QUE TOCAN LOS MANZANOS.
Y SE RÍEN

LAS MISMAS FLORES.
QUE VIERON SUS OJOS.
ENTRE LA HIERBA.
Y JUNTO AL RÍO.
Y EL TIEMPO SE DETIENE.
PARA OBSERVARLAS.
Y EL AGUA AMINORA SU MARCHA.
COMO UN PERRILLO A SUS PIES.

Y SUEÑA CON SUS PÉTALOS.
LLEVADOS POR EL VIENTO.
Y EL VIENTO ES COMO UN VIEJO.
QUE SE HA VUELTO A ENAMORAR.

LAS NIÑAS JUEGAN CON SU PELO.
Y SE RÍEN.
Y SUS RISAS SON PÉTALOS.
Y SE SUBEN A SU ESPALDA.
TOCADAS DE AIRE.

FLORES VIEJAS, FLORES NUEVAS.
¿DÓNDE NACISTEIS?
MORIR CON VOSOTRAS.
NACER CON VOSOTRAS.

SER EL HOMBRE.
EL MISMO HOMBRE.

AHORA QUE EL SOL SE PONE.
Y LAS NUBES ENVIDIOSAS.
SE PINTAN DE MORADO, Y DE ROSA.
CON COLORES QUE HAN ROBADO.
EN LA ESPALDA DEL VIENTO.

AYER, HOY, Y MAÑANA.
SON LAS MISMAS FLORES.
QUE HAN PERMANECIDO.
LAS MISMAS FLORES.
ELLAS NO SE HAN IDO.

UNO TRAS OTRO

UNO TRAS OTRO, SE PERSEGUIRÁN.
UNO TRAS OTRO, SE PERSIGNARÁN.
UNO TRAS OTRO, SE DESPEDIRÁN.
UNO TRAS OTRO, HASTA EL FINAL.

Y LAS PALABRAS BUSCARÁN.
UN LUGAR DONDE QUEDARSE.
SIN ENCONTRAR ALBERGUE EN LA POSADA.

Y LA NOCHE DEL TIEMPO.
BORRARÁ SUS HUELLAS. CON SU CORONA DE HIELO, CON SU CETRO DE LLUVIA.
CON SU VESTIDO DE VIENTO, CON SU ANILLO DE OLVIDO.

SILENCIO, QUE ACALLA EL RUIDO.
YA VUELVE SOBRE NOSOTROS.
CALMA, LA MISMA DEL PRINCIPIO.
HACIA LA CUAL.
NOS DIRIGIMOS.

UNO TRAS OTRO, SE PERSEGUIRÁN.
UNO TRAS OTRO, SE PERSIGNARÁN.
UNO TRAS OTRO SE DESPEDIRÁN.
UNO TRAS OTRO, HASTA EL FINAL.

QUEDA UN INSTANTE.
PARA ABRAZARNOS.
SENTADOS BAJO UN SOL.
QUE TAMBIÉN QUIERE PARTIR.
POBRE VIEJO DE AMANECERES.
QUE ENVIDIA NUESTRO DESTINO.
DE HORMIGAS INSIGNIFICANTES.
PERO QUE PERDURARÁN.

QUEDA UN INSTANTE, UN SOLO INSTANTE.
AÚN QUEDA UN INSTANTE.
UNO TRAS OTRO, SE PERSEGUIRÁN.

UNO TRAS OTRO, SE PERSIGNARÁN.
UNO TRAS OTRO, SE DESPEDIRÁN.
UNO TRAS OTRO, UNO TRAS OTRO.
UNO TRAS OTRO, Y PARTIRÁN.
UNO TRAS OTRO, HASTA EL FINAL.

TU CAMINO

NO ESPERES QUE OTRO TE MUESTRE TU CAMINO.
ENCUENTRA TÚ.
TU PROPIO CAMINO.

BUSCA Y ENCUENTRA.
NO TE ENTRETENGAS.

NO TE PARES, NO TE DETENGAS.
NO INTENTES LLENAR TU TIEMPO.

A ESPALDAS DE TU CAMINO.

¿ESTÁN TUS PIES EN TU CAMINO?
SÁCALOS DE SU DESVARÍO.
PON TUS PIES EN TU CAMINO.
ÉL ESPERA SER ANDADO.

NO TE ENTRETENGAS.
NO LO DEMORES.

DESNÚDATE DE TUS EXCUSAS.
NO COMPRES SEGURIDADES.
A ESPALDAS DE TU CAMINO.

TU TIEMPO ES PARA ANDAR.
PARA ANDAR TU CAMINO.

Y SI LO GASTAS EN OTRO LUGAR.
LO PERDERÁS¿NO TE HAS DADO CUENTA AÚN?

TÚ ERES TU CAMINO.

ERES ANDANDO, ANDANDO TU CAMINO.

Y SI NO, NO ERES.

VIVES CUANDO ANDAS.
CUANDO ANDAS TU CAMINO.

BUSCA Y ENCUENTRA.
ENCUENTRA TU CAMINO.

ENCUÉNTRATE POR FIN.
ANDANDO TU CAMINO,

TÚ ME DEFENDERÍAS

ESTA NOCHE ES UN RECUERDO DE TUS SONRISAS.
TU VIDA HA SIDO ESO.
UNA COLECCIÓN DE SONRISAS.
MIENTRAS CABALGAS SOBRE ESTE HURACÁN DE CABLES Y AGUJAS.
MIENTRAS ESCUCHO PITIDOS Y VEO LUCES ROJAS,
VERDES Y AMARILLAS, QUE SE ENCIENDEN Y SE APAGAN,
COMO PASA CON LA VIDA, QUE SE ENCIENDE Y SE APAGA.
PERO TÚ DECÍAS QUE SE APAGA Y SE ENCIENDE...
QUÉ ENVIDIA ME DAN AQUÉLLOS QUE ESTARÁN CONTIGO
CUANDO VUELVAS A ENCENDERTE.
CÓMO ME IRÍA CONTENTO, COLGADO DE TU MANO, COMO
ME LLEVABAS DE PEQUEÑO.
SI ME APAGARA CONTIGO.
PARA ENCENDERME CONTIGO.
TÚ ME DEFENDERÍAS, COMO HACÍAS SIEMPRE.
SI ES QUE ALLÍ ES NECESARIA DEFENSA.
PERO CREO QUE NO.
PORQUE TÚ AMANECERÁS EN UN LUGAR DE SONRISAS,
DONDE NO HAY TIEMPO, Y MENOS AÚN
PARA REPROCHES.

QUÉ SERÁ DE NOSOTROS, AHORA QUE TE APAGAS.
PERO NO.
NO TE APAGARÁS.
SERÁ SÓLO EN EL TIEMPO.
SEGUIRÁS SONRIENDO.
TU SONRISA BLANCA.
QUE AHORA QUEDA EN NOSOTROS.
Y PODRÁN QUITARNOS LA VIDA.
CASA, FAMA Y LIBERTAD.
PERO NO NOS QUITARÁN.
ESO JAMÁS.
LA LUZ DE UNAS ALAS.
QUE AÚN NOS SONRÍEN.
Y NOS SONREIRÁN.
HASTA EL FIN DEL TEATRO.

TODO, MENOS EL AMOR

TODO SERÁ OLVIDADO.
TODO, MENOS EL AMOR.

ESOS ACTOS INMORTALES.
ESCRITOS PARA SIEMPRE.
EN EL LIBRO DE LA VIDA.

ANÓNIMOS PARA TODOS.
MENOS PARA EL AMOR.
AMOR QUE ESTABA ANTES.
AMOR QUE ESTARÁ DESPUÉS.

AMOR DEL QUE SALIMOS.
AMOR AL QUE VOLVEREMOS.

AMOR QUE SOMOS NOSOTROS.
AMOR ES DIOS.
AMANECE SOBRE NOSOTROS.
EL SOL DE AYER YA SE FUE.

EL TIEMPO DE MAÑANA.
GUARDADO EN EL BOLSILLO.
ES UN NUEVO REGALO.

CUANDO ABRIMOS LOS OJOS.
RESUCITADOS DEL SUEÑO.
Y EL ESCENARIO SIGUE EN PIE.

SOL BENDITO.
NUEVAS SOMBRAS.
DE TUS MANOS SOBRE MÍ.

NO ME DEJES.
YO SOY TUYO.

SOL BENDITO.
PARA TI.

ESOS ACTOS INMORTALES.
EN EL LIBRO DE LA VIDA.
PROTEGIDOS DEL VIENTO.
SON TESOROS PARA TI.

SOL BENDITO.
YO SOY TUYO.
NO ME DEJES.
PARA TI.
SOL BENDITO.
NUEVAS SOMBRAS.
DE TUS MANOS SOBRE MI.

TODO SERÁ OLVIDADO.
TODO... MENOS EL AMOR.

TÚ ERES EL NORTE

TÚ ERES EL NORTE.
YO EL AVE FÉNIX.

CAZADORES QUE CAZAN AHORA.
COMO CAZARON ANTES.
Y CAZARÁN MAÑANA.

SURCAN EL CIELO.
CAMPOS SEGADOS.

HOJAS AMARILLAS.
NOMBRES VIEJOS.

LUGARES PERDIDOS.
EL TIEMPO NO PASA.
ES SIEMPRE EL MISMO.

PASAMOS NOSOTROS.

LAS ÁGUILAS VUELAN.
LOS HOMBRES SENTADOS.
RICOS EN HORAS.
POBRES EN TIEMPO.

ESPERAN SU TURNO.
EN COMPAÑÍA.

NUBES GRISES.
VIENTO Y HOJAS.

NO SE PERDERÁ.

NI UN SOLO CABELLO.
DE SUS CABEZAS.

TÚ ERES EL NORTE.
ERES EL NORTE.
YO EL AVE FÉNIX.

VALIÓ LA PENA

PORQUE SOMOS UNO.
VALIÓ LA PENA.

PORQUE SOMOS UNO.
VALE LA PENA.

SOMOS UNO.
SIEMPRE LO SUPE.

EL MISMO HOMBRE.
UN HOMBRE.

PORQUE SOMOS UNO.

CRECERÁN FLORES.
SEGUIRÁN LAS OLAS.
EL VIENTO EN LOS CERROS.
LA NIEVE EN LAS CUMBRES.

UN HOMBRE.
EL MISMO HOMBRE.

POR ESO EL OTRO.
DISTINTAS PERSONAS.

PERO UN SOLO HOMBRE.

EL MISMO HOMBRE.
SIEMPRE UN HOMBRE.

EL HOMBRE TENDIÓ LAS MANOS.
EL HOMBRE SE HIZO ENTREGA.

EL HOMBRE ES ENTREGA.
Y SI NO, NO ES HOMBRE.
VALIÓ LA PENA.
PORQUE SOMOS UNO.
PORQUE SOMOS UNO.

TU LUZ ME BASTA

A PESAR DE TODAS LAS TRISTEZAS.
Y DE TODAS LAS NEGRURAS.
HOY ES UN DÍA DE LUZ.

LUZ QUE VENCE.
YA DISIPA LA NIEBLA.
Y ABRE CLAROS DONDE PODEMOS.

TOMAR EL SOL.

TOMAR EL SOL QUE QUEME, QUE ARRANQUE
NUESTRA PIEL VIEJA.

QUE SAQUE DE SUS TUMBAS, QUE RESUCITE.
NUESTRAS FLORES NO NACIDAS.

LAS QUE HASTA HOY QUEDARON.
EN UN LETARGO DE NOCHE Y MIEDO.

BAJO ESTA LUZ QUE TRANSFORMA.
COMO MANOS QUE TRABAJAN.
DESNUDO DE ESCUDOS.
LIBRE DE CADENAS.
QUIERO PONERME EN PIE.

LLÉVATE ESTE PESO.
YA NO LO QUIERO.
LLÉVATE TODO.
SÓLO TU LUZ.
TU LUZ ME BASTA.

TU, LUZ.
TÚ, LUZ.

~~~~

MI NIÑO EXTRAÑO

UNA MOSCA SE HA PUESTO A SALVO DE LAS GOLONDRINAS, SE HA COLADO DESESPERADA POR LA VEN-TANILLA MIENTRAS ESPERO, SENTADO EN EL COCHE FRENTE A LA FAMOSA TIENDA DONDE VENDEN LAS MEJORES MAGDALENAS DEL MUNDO.

ESTOY SENTADO Y ESPERANDO, DISFRUTANDO DE MI IMPACIENCIA.

SIENTO CÓMO SE RESISTE, NO QUIERE DESVANECERSE, Y SE AFERRA, A MEDIDA QUE LA SOMETO AL TORMENTO DE LA ESPERA, DELIBERADAMENTE, ESCUCHANDO LOS SONIDOS DE ESTE PUEBLO, QUE EN-TRAN POR LA VENTANA Y POCO A POCO ME DEVUELVEN A UN TIEMPO ANTIGUO, DE TARDES ETERNAS, CUANDO LAS HORAS ERAN HORAS Y LA VIDA PARECÍA QUE FUESE A DURAR PARA SIEMPRE.

EN ESTE PUEBLO NACIÓ MI MADRE, Y ESTÁN ENTERRADOS SUS PADRES, Y SUS ABUELOS, Y LOS PADRES DE SUS ABUELOS, Y ASÍ HASTA NO SÉ CUÁNDO.

Y DE PEQUEÑOS VENÍAMOS EN VACACIONES, DE ESO HACE YA CUARENTA AÑOS.

SI CIERRO LOS OJOS AÚN RECUERDO EL OLOR DEL PAN FRITO EN ACEITE DE OLIVA, QUE NOS PONÍAN PARA DESAYUNAR, Y QUE LOS PRIMOS UNTÁBAMOS EN EL CAFÉ CON LECHE, Y CUANDO LO MORDÍAS CHORREABA, PERO POR INCREÍBLE QUE PAREZCA, AÚN SEGUÍA CRUJIENTE.

RECUERDO LAS TAPIAS DEL JARDÍN, SOBRE LAS QUE NOS SENTÁBAMOS, Y LAS ORUGAS QUE DESFILABAN ORDENADAS BAJO LOS PINOS, PELUDAS Y TERRIBLES CON SU VENENO, QUE TANTAS VECES PROBAMOS.

Y COMPRUEBO QUE POCO A POCO DESCIENDE EL TUMULTO EN MI CORAZÓN.

POR ESTAS CALLES DONDE CORRÍAMOS DE PEQUEÑOS AHORA SOLO PASEAN FORASTEROS, NIÑOS DE OTRAS RAZAS, VESTIDOS EXTRAÑAMENTE, QUE SE RÍEN EN IDIOMAS DESCONOCIDOS.
Y ME DIGO... ¡BENDITOS NIÑOS EXTRAÑOS!

SIN VOSOTROS ESTAS PIEDRAS ESTARÍAN MUERTAS.
Y SI ESTE EXTRANJERO CIERRA LOS OJOS -A ESTAS ALTURAS YA ME HE DADO CUENTA DE QUE AQUÍ EL ÚNICO EXTRAÑO SOY YO-, SI LOS OJOS DE ESTE EXTRAÑO SE CIERRAN, DE INMEDIATO RESUCITAN ESCENAS DONDE MIS MUERTOS GESTICULAN ANIMADAMENTE, PRECISAMENTE DEBAJO DEL ARCO DE

ESTA PUERTA, EN LA TIENDA DE MAGDALENAS, LAS MEJORES MAGDALENAS DEL MUNDO, COMO VUELVE A DECIRME EL TÍO PEPE, MI PADRINO.

-ESTA ES LA TIENDA DONDE VENDEN LAS MEJORES MAGDALENAS DEL MUNDO, TOMA NOTA, SOBRINO-.

SON ESCENAS TRANSPARENTES, NÍTIDAS, TAN REALES... POR UN MOMENTO PARECEN VIVOS DE VERDAD, TANTO QUE HE ABIERTO LOS OJOS Y LA SORPRESA HA SIDO VER QUE YA NO ESTÁN.

NO ESTÁN, PERO SÍ ESTÁN...

ESTOY ESPERANDO EN LA TIENDA DE MAGDALENAS, Y ME HE OLVIDADO DEL TIEMPO.

Y AHORA POR FIN HAN ABIERTO LA PUERTA, SE HA ACABADO LA ESPERA.

VUELVO A CASA POR LA AUTOPISTA, CON EL COCHE LLENO DE MAGDALENAS, DE SONRISAS Y DE CARICIAS, Y REZO A MI NIÑO EXTRAÑO, PARA QUE NUNCA MÁS VUELVA A ENTRARME LA PRISA.

TÚ ME VOLVERÁS

SOIS LOS TRES TRANSPARENTES.
EN UN MUNDO TRANSPARENTE.

AGUA LIMPIA, NIEBLA Y AIRE, MANO QUE ME SOSTIENE.
LUZ, GOTA Y CRISTAL.

BUCEÉ, ME SUMERGÍ, TE VI LLOVER.
NADÉ, Y EN TUS MARES RECORDÉ.

QUE SOMOS AGUA EN TUS MANOS.
HIELO LEJOS DE TI.
VAPOR QUE SE DESPIDE, Y VUELA.
NUBES EN LO ALTO.

HIEDRA SECA QUE BUSCA.
TU TRANSPARENCIA.
NIEVE EN LOS MONTES.
ANSIA DE TI.
POZOS PROFUNDOS.

ESPERANZA QUE SE ANUNCIA.
CON TROMPETAS DE PLATA.

TE LLEVARÉ CONMIGO.
ME CUBRIRÁS DE ROCÍO.
BAUTIZARÁS MIS PIES.
DE DULCE Y DE SAL.
EXTENDERÉ MIS MANOS.
¿QUIÉNES FUIMOS ANTES?
OTRA AGUA, LA MISMA AGUA.
QUE PERMANECE, Y RENUEVA.
QUE CONTINÚA Y NOS UNE.
ANTIGUA Y JOVEN.
ANTES Y DESPUÉS.
ME PERDERÉ EN TI.

ME LLEVARÁS.
VOLVERÉ A ESE LUGAR.
TRANSPARENTES LOS DOS.
TÚ ME VOLVERÁS.

VOLVEMOS A CASA

LAS PERSONAS SON DISTINTAS, DIOS ES UNO.
LAS PERSONAS SON DISTINTAS, EL HOMBRE ES UNO.
DIOS ES UNO, UNO EL HOMBRE.
PERSONAS DISTINTAS, UN SOLO DIOS.
PERSONAS DISTINTAS, UN SOLO HOMBRE.
LA HISTORIA DEL HOMBRE.
EL FUTURO DEL HOMBRE.
EL DESTINO DEL HOMBRE.
LA GRANDEZA DEL HOMBRE.
CON NOSOTROS NO MUERE EL HOMBRE.
MUERE NUESTRA ANÉCDOTA.
ANÉCDOTA QUE VUELVE AL ORIGEN.
DEL QUE SALIÓ.
ANÉCDOTA QUE COMPLETA LA FORMA.

De un Dios que es uno.
De un Hombre que se entrega.
Del Hombre que es entrega.

Imagen y semejanza.
Bendita locura.
Imagen y semejanza.
Volvemos a casa.

VUELVE, ESPERANZA

No hay nada que decidir.
Ninguna decisión que tomar.

Todo era ficticio.
Sólo ocurría en la imaginación.

Soñaba cosas.
Que no existen.

La realidad es otra.
La muerte ya ha ocurrido.

Muertos vivientes.
Tiempo perdido.
Seres rotos.
Brazos partidos.

Miento.
Me equivoco...
Incluso ahora.
Se escuchan trompetas.
Son caballos blancos.
Vuelve esperanza.

A mi rescate.
Viene, vestida de luz.

ESTOY AQUÍ.
BAJO ESTOS CUERPOS.
CUBIERTOS DE SANGRE.
CUBIERTOS DE MENTIRA.
APLASTADOS POR EL MIEDO.
MIRA MI MANO.
ES ESTA QUE ASOMA.

YA NO PUEDO MOVERME.
SÓLO TIENDO LA MANO.

SÓLO TIENDO UNA MANO.
VUELVE ESPERANZA.
SÓLO TIENDO LA MANO.
VEN ESPERANZA.

YO DISECO

YO DISECO.
TÚ DISECAS.
ÉL DISECA.
NOSOTROS DISECAMOS.
VOSOTROS DISECÁIS.
ELLOS DISECAN.

Y NADA CONSERVAMOS.
Y NADA CONSERVÁIS.
Y NADA CONSERVAN.
Y NADA CONSERVA.
Y NADA CONSERVAS.
Y NADA CONSERVO.

YO DISECTO
(INCLUSO SI DISECTAR NO EXISTE)

YO DISECTO.
TÚ DISECTAS.
ELLA DISECTA.
NOSOTROS DISECTAMOS.
VOSOTROS DISECTÁIS.
ELLOS DISECTAN.

Y NADA COMPRENDEMOS.
Y NADA COMPRENDÉIS.
Y NADA COMPRENDEN.
Y NADA COMPRENDE.
Y NADA COMPRENDES.
Y NADA COMPRENDO.

SON PEQUEÑAS MUERTES

SON PEQUEÑAS MUERTES.
NADA GRAVE.
SÓLO UN PASO, UN MOMENTO.
QUEDA LA LUZ, QUEDAN LOS PÁJAROS.
LOS ÁRBOLES, LAS ESTRELLAS, LOS ENAMORADOS.

ESPERANZA.
EN UN FUTURO VERDE, ES SU FUTURO, TAMBIÉN EL NUESTRO
NO MÁS HISTORIAS TAN INDIVIDUALES.
NUNCA PERSONALES, SÓLO INDIVIDUALES.
TAN INDIVIDUALES, TAN PREVISIBLES.
TAN ABURRIDAS, TAN MORTÍFERAS.
AFORTUNADAMENTE YA SE FUERON.
AHORA LO COMPRENDO.
SÓLO LO PERSONAL PERDURA.

¿Y YO QUIÉN SOY?
SOY LOS NIÑOS, SOY LOS VIEJOS.

LAS MUJERES Y LOS HOMBRES QUE SE FUERON.
Y TAMBIÉN LOS QUE VENDRÁN.

BAJO UN CIELO PARA TODOS.
LAS NUBES Y LA HIERBA SE HAN VESTIDO PARA NOSOTROS.
HOY OTRA VEZ.
COMO AYER, Y MAÑANA.

SON PEQUEÑAS MUERTES.
NADA GRAVE.
SÓLO UN PASO, UN MOMENTO.
QUEDA LA LUZ, QUEDAN LOS PÁJAROS.
LOS ÁRBOLES, LAS ESTRELLAS, LOS ENAMORADOS.

APRENDO DE TI, VERDE

APRENDO DE TI, VERDE, QUE TE MECES EN EL VIENTO.
APRENDO DE TI, AZUL, QUE ME RODEAS Y ELEVAS.
QUE TE ESCAPAS Y VUELVES, TRANSPARENTE.
APRENDO DE TI, ROJO, QUE ME CALIENTAS Y BAILAS.
APRENDO DE TI, AIRE, VIENTO, PÁJARO ALTO, ALAS BLANCAS.
VIEJOS SABIOS, QUE TODO LO SABEN.
SOIS LOS MISMOS PÁJAROS QUE FUISTEIS.
SIEMPRE EL MISMO PÁJARO.
APRENDO DE TI, TIERRA, SEMILLA.
MUSGO, HELECHO, TRONCO CAÍDO.
ARROYO QUE VUELVE, UNA Y OTRA VEZ, UNA Y OTRA VEZ.
ROCA AFILADA, CAMINO ANDADO.
NARANJA EN EL CIELO.
AHORA MORADO.
SOIS MI REFUGIO, MI LECHO Y MI ALIMENTO.
SOIS MI FUTURO, SOIS MI RECUERDO.
HIELO Y NIEVE, LLUVIA, SED.
CAMPOS QUE ESPERAN, MANOS QUE VENDRÁN.
APRENDO DE TI, VERDE, QUE TE MECES EN EL VIENTO.
APRENDO DE TI, VERDE, QUE TE MECES EN EL VIENTO.

PARA ADORARTE

EN ESTA NAVE QUE NAVEGA DE NOCHE.
RESPIRO UN AIRE DULCE QUE NO ME FALTA.

MIRO LAS ESTRELLAS QUE GUARDAS PARA MÍ.
COMO FLORES A MIS PIES.

SUBO HACIA ELLAS CON MIS OJOS.
QUISIERA GUARDARLAS EN MI CORAZÓN.
LAS HOJAS VERDES ME ESPERAN.
VESTIDAS CON TU NOMBRE.
Y ME EMBORRACHO DE TI SI LAS MIRO.

TODAS ESTAS COSAS.
SE IRÁN DE MÍ.
MAS NO ESTAS HOJAS VERDES.

EL VIENTO LAS MOVERÁ.
Y TU RISA Y LA MÍA.
DESNUDOS DE TODO.
VESTIDOS EL UNO DEL OTRO.

EN ESTA NAVE QUE NAVEGA DE NOCHE.
ESTIRO MIS BRAZOS.
ABRO UNA PUERTA.
PREPARO LA CENA.
Y ENCIENDO UNA LUZ.
PARA ESPERARTE.
NO TARDES, YA TARDAS.
YA NO ME BASTA EL CONSUELO.
DE MIS HERMANOS.
PARA ADORARTE.

EL JARDÍN DE LAS MALAS HIERBAS
ABRIL DE 2009

-TÚ SIEMPRE HAS SIDO UN POCO RARA... POR EJEMPLO, MIRA TU MANÍA ESA DE LAS MALAS HIERBAS...

-¿MALAS? ¿POR QUÉ VAN A SER MALAS? ¿DÓNDE PONE QUE SON MALAS? ¿QUIÉN LO DICE?

SON HERMOSAS, CADA CUAL A SU ESTILO. ESTÁN AHÍ TRANQUILAMENTE, Y LAS POBRES NO SE METEN CON NADIE.

SE ME LLENAN LOS OJOS DE ALEGRÍA CON SÓLO MIRARLAS... SON TAN VERDES... A RATOS ELEGANTES, Y A RATOS DESPEINADAS... LES CUENTO COSAS Y LAS ACARICIO, ARRANCO SUS HOJAS SECAS, Y MIENTRAS TANTO EL SOL SE VA MOVIENDO, SIEMPRE DE VIAJE, DE UN SITIO A OTRO, Y JAMÁS SE CANSA DE MI PRESENCIA.

A VECES ELLAS SE QUEDAN QUIETAS, Y CREO QUE POR FIN VAN A CONTARME EL SECRETO... SI SE DECIDIERAN DE UNA VEZ.... YO PROCURO ESTAR ATENTA, POR SI ACASO UN DÍA SE LES SUELTA LA LENGUA.

-¿CÓMO QUE LAS ESCUCHAS, VIEJA CARCAMAL? ¿DÓNDE ESTÁ TU SENTIDO COMÚN?

-ELLAS HABLAN, PERO A SU MANERA. CÓMO TE DIRÍA YO... POR EJEMPLO, ALGUNAS DISFRUTAN MUCHO CON LA MÚSICA. HASTA BAILAN, AUNQUE TÚ DIRÁS QUE NO, QUE SÓLO LAS MECE EL VIENTO... ALGUNAS SON GIMNASTAS FEROCES, SE DEJAN DOBLAR, O SE ESTIRAN... Y TODAS TIENEN VOCES PROPIAS. ADEMÁS, CUANDO LAS CONOCES, TE DAN SORPRESAS.

-¿SORPRESAS?

-SÍ, SORPRESAS. MIRA ESA DE ALLÍ, LA QUE ESTÁ TAN ENFADADA. LA COGÍ DEL PARKING DONDE SOLÍA DEJAR TU PADRE EL COCHE CUANDO ÉRAMOS JÓVENES Y BAJÁBAMOS A LA CIUDAD. NO SÉ SI SEGUIRÁ ESTANDO... JUSTO AL LADO DE CASA DE TUS ABUELOS... ¿SABES CUÁL TE DIGO? ESE QUE SALES Y HAY UNA TIENDA DE SALCHICHAS Y LUEGO EN FRENTE HAY OTRA QUE VENDEN CACAHUETES SIN MÁS, CON CÁSCARA Y TODO, Y ALMENDRAS AZUCARADAS, Y SIEMPRE HUELE TAN BIEN. ¿YA SABES, NO? LAS ALMENDRAS ESAS QUE ESTÁN RIQUÍSIMAS...

-ME ESTABAS HABLANDO DE ESA MALA HIERBA Y DE UN PARKING...

-AH, SÍ... BUENO, PUES ESO. ESTÁBAMOS YA LLEGANDO AL COCHE, Y ELLA ESTABA AHÍ, A OSCURAS SOBRE EL ASFALTO, AUNQUE YO NO LA HABÍA VISTO, ESTABA CASI MUERTA, LA HABÍAN PISADO COCHES Y MÁS COCHES, Y TODOS LA HABÍAN DEJADO ATRÁS, CADA VEZ MÁS SECA Y MÁS TRONCHADA. LA VI

DE MILAGRO, EN EL ÚLTIMO SEGUNDO, PORQUE JUSTO ANTES DE SUBIR AL COCHE DECIDÍ ATARME UN CORDÓN QUE ME ESTABA MAREANDO, Y ¡ZAS!, AL AGACHARME ALLÍ ESTABA ELLA. TORCIDA, ROTA Y TAN MUSTIA... Y YA SABES -NO PUEDO EVITARLO-, FUE AMOR A PRIMERA VISTA.

LA COGÍ ENTRE MIS MANOS, HICE UNA CUEVA CON ELLAS, LE ECHÉ EL ALIENTO SIETE VECES SEGUIDAS Y LE DIJE QUE NO SE PREOCUPARA, QUE VOLVIESE, QUE ME GUSTARÍA MUCHO CONOCERLA, QUE ERA UNA HIERBA IRRESISTIBLE, QUE ME HABÍA DADO UNA GRAN ALEGRÍA ENCONTRARNOS, ESPECIALMENTE ESA NOCHE... PORQUE ESA NOCHE ME HABÍA ABURRIDO TANTÍSIMO QUE CASI SOY YO LA QUE ME SECO. LE DIJE A TU PADRE QUE ARRANCASE EL COCHE DE INMEDIATO, QUE TENÍAMOS UNA EMERGENCIA Y HABÍA QUE ENCONTRAR AGUA COMO FUESE.

-NOOO.... ¿NO HABRÁS COGIDO OTRO DE ESOS HIERBAJOS TUYOS, NO? QUÉ DIGO, SI TODAVÍA NOS QUEDARÍA UN HUECO EN LA ESTANTERÍA DEL CUARTO DE BAÑO AZUL... PODEMOS QUITAR EL BOTI- QUÍN Y YA ESTÁ, OTRO TIESTO, Y SI SE CORTAN LOS NIÑOS PUES NADA, LOS TIRAMOS POR LA VENTANA, QUE SE DESANGREN, SIN TIRITAS, ADEMÁS HACEN MUCHO RUIDO, Y NO HAN DEMOSTRADO NUNCA NINGUNA SENSIBILIDAD HACIA TUS "PLANTAS".

-POR FAVOR, JAVIER, HABLO EN SERIO. CREO QUE ESTÁ CASI MUERTA. MIRA, ME LA PONGO EN EL OÍDO Y NO SE OYE NADA. YA NO LATE... CREO QUE NUNCA SABREMOS SU NOMBRE, NI VEREMOS SUS COLORES, NO DARÁ FLORES PARA NOSOTROS, NI LAS OLEREMOS...

POR FAVOR, ERES MI PRÍNCIPE ROMÁNTICO. CLÁVALE LAS ESPUELAS A ESTE CABALLO, SALGAMOS DE ESTA SALA DE EJECUCIONES, ES UN LUGAR MORTUORIO, QUÉ HORROR DE SITIO, ¿NO LO ENTIENDES?... ENTRE MIS MANOS NOS ESPERA AHORA EL MISTERIO DE LA VIDA...

TU POBRE PADRE ERA UN SANTO, Y UN HÉROE. PERO SOBRE TODO ME QUERÍA... PARÓ EN LA FUENTE DE LA PLAZA ELÍPTICA, EN MITAD DEL TRÁFICO, SALIÓ DEL COCHE, Y CORRIÓ A BUSCARME AGUA, LA TRAJO EN LA FUNDA DE SUS GAFAS, Y AL MIRARLE -NO SÉ POR QUÉ- ME ACORDÉ DE UN CRUZADO CON SU ARMADURA.... ASÍ FUE COMO EMPEZÓ DE NUEVO ESA HERMOSA PLANTA QUE TÚ LLAMAS MALA HI- ERBA, Y ESA FLOR AMARILLA QUE AHORA VES ALLÍ.

SE PASA ENFADADA LARGAS TEMPORADAS, QUIZÁS SE ACUERDA DE LAS RUEDAS DE LOS COCHES, PERO OTRAS VECES SE LE OLVIDA Y ME SORPRENDE CON DOS O TRES FLORES, Y SON FLORES ESPECIALES, PORQUE EN MIS MANOS HABLAN DE TU PADRE. NO HUELEN A NADA, PERO NO IMPORTA. ADEMÁS, ESA PLANTA ESTÁ LOCA, UNAS VECES SU FLOR ES AMARILLA, Y OTRAS ROJA, Y EL AÑO PASADO DIO UNA BOLITA QUE AL PRINCIPIO ERA VERDE Y LUEGO PASÓ A AMARILLA, CASI AL FINAL SE PUSO ROJA Y UN DÍA SE CAYÓ.

CREO QUE SE LA DEBIÓ COMER UN PÁJARO, QUE DESPUÉS SE FUE VOLANDO, COMO SE FUE ÉL. CREO QUE LOS DOS ME ESPERAN AHORA, CON LA BOLITA ROJA, PARA PLANTARLA JUNTOS, EN EL JAR- DÍN DE LAS MALAS HIERBAS... SÍ, CREO QUE ES ALLÍ DONDE ME ESPERAN.

Lo suyo sería hacerlo en Septiembre, cuando se puedan coger los higos... Ya sé, cogeremos muchos, y podemos invitar a todo el mundo, tú podrías hacer dibujos, ya sabes que eres mi artista preferido, ¿te lo había dicho alguna vez?

-Me lo has dicho unas diez mil millones de veces, pero como también te gustan mucho las malas hierbas, no parece garantía de gran cosa...

-Sería bonito cantar otra vez todas esas canciones viejas que tú te sabes, y después yo podría cerrar los ojos tranquila, sin aspavientos...

-No digas más despropósitos, por favor, luego tendrías que volver a abrirlos... Si no quieres quedarte allí sentada, una vieja excéntrica en mitad del prado, con los ojos cerrados... Darías miedo. Y además a ti no te han gustado nunca los higos...

-Ah, ¿no? Entonces, ¿qué era lo que me gusta?

-Lo que te encanta es el helado, y de beber, el agua muy muy fría. Y a mí, no sé por qué será, me gustas tú.... Debo haber heredado una parte más grande de lo que me conviene de esos gustos raros tuyos...

-Ya... Bueno, pues eso. Menos mal que estás tú y que te acuerdas de todo... ¿Sabías que os quiero a todos?

Las nubes empezaron a perseguirse, cambiando de sitio. El sol rasgaba aquí y allá el manto negro del cielo, preñado de tormenta. De repente todo pesaba una barbaridad.

-Vamos dentro, que va a venir la bruja...

<p style="text-align:center">~~~ ~~~ ~~~</p>

Los días pasaron, y se sucedieron, y al fin ella, sin avisar, también se fue volando. Pero no fue en Septiembre, sino en Abril.

Esa mañana me lavé la cara temprano, hice café y salí a sentarme en el silencio del jardín.

Los primeros minutos del día son un regalo siempre nuevo, con esos sonidos, con sus luces, que nos devuelven a un mundo del que nunca debimos haber salido.

Sobre el césped, junto al muro, bajo el árbol del hada, las manos cubiertas de polen.

-Mamaaá?

SE HABÍA PINTADO LOS LABIOS, Y TOCADO LAS MUÑECAS CON UNA GOTA DE PERFUME. LLEVABA SIETE VULGARES MARGARITAS EN EL PELO, Y UNA MÁS EN SUS MANOS, ESE DÍA TAN JÓVENES.... ERAN MANOS TENDIDAS, PREPARADAS PARA EMPEZAR EL BAILE.

CUANDO LA LLUVIA VENGA

CUANDO LA LLUVIA VENGA,
VOLVERÁ SOBRE LOS CAMPOS.
ELLOS ESPERAN SERENOS.
CUANDO LA LLUVIA VENGA.
CUANDO LA LLUVIA VENGA.

Y NO ESPERAN CORONAS.
DE PROMESAS HUERAS.
DE ESPERANZAS ROTAS.
Y MENTIRAS HUECAS.

Y NO ESPERAN DESFILES.
DE VERDADES MANCAS.
VESTIDURAS REGIAS.
Y PALABRAS BLANCAS.

CUANDO LA LLUVIA VENGA.
VOLVERÁ SOBRE LOS CAMPOS.
ELLOS ESPERAN TRANQUILOS.

CUANDO LA LLUVIA VENGA
CUANDO LA LLUVIA VENGA.

CUANDO LA LLUVIA VENGA, SERENA.
SOBRE LOS CAMPOS.

FUE UN ABRAZO

ÉRASE UNA VEZ UNA EXPLOSIÓN DE AMOR, SE LLAMABA
PADRE, Y SU NOMBRE ERA SANTO.

EL AMOR EN SU CORAZÓN SE ENTREGABA EN MIL
TORRENTES, MIL CATARATAS QUE SE DESBORDARON ANTES
DEL TIEMPO Y VOLANDO SE VOLCARON EN UN HIJO, SU
ROSTRO DE NIÑO, SUS PIES HUNDIDOS EN EL TORRENTE,
ALEGRE DE RECIBIR TODO EL AMOR DE SU PADRE,
Y LEVANTÁNDOSE PARA ABRAZARLO.

ESE ABRAZO SE ALZÓ CON NOMBRE PROPIO, Y VOLÓ CON
ALAS BLANCAS, ERA UNA PERSONA, Y EL VIENTO DE SUS ALAS ESPÍRITU SANTO.

VIENTO DE AMOR, LO ÚNICO SÓLIDO DEL UNIVERSO.

ESTO OCURRIÓ ANTES Y OCURRIÓ DESPUÉS, Y DURANTE, Y
TAMBIÉN OCURRIRÁ, Y ESTÁ OCURRIENDO Y NINGUNA DE
ESAS COSAS, PORQUE EL TIEMPO NO TENÍA TIEMPO, Y
ESTABA GUARDADO EN UNA CAJA.

PERO UN DÍA, LA EXPLOSIÓN SE HIZO FÍSICA...

PADRE DIJO UNOS NOMBRES, HIJO LOS ESCUCHABA, SE
MIRARON A LOS OJOS, SE ABRAZARON MÁS FUERTE Y
ESPÍRITU DE VIENTO, AHORA UNA SONRISA, COMENZÓ A NEVAR.

ESO FUE LO QUE OCURRIÓ.

UNAS SONRISAS, QUE EXPLOTARON EN EL TIEMPO. UN
CORAZÓN, QUE EXPLOTÓ EN MIL PEDAZOS.

ENORMES MOLES SURGIERON VOLANDO, Y COMENZÓ UN
BALLET PASMOSO.

Y EN UN PEQUEÑO RINCÓN BRILLÓ EL SOL, CRECIERON LAS
PLANTAS, Y UN DÍA SE OYERON NUESTROS NOMBRES EN EL

VIENTO Y NACIMOS.....Y TODO FUE MÚSICA... HASTA LA TORMENTA...

PASARON MUCHOS AÑOS.

PADRE NOS SONREÍA EN EL SOL, NOS SONREÍA EN LOS
BROTES DE VIDA, EN EL AGUA, EN EL BOSQUE, PERO QUISO
SONREÍRNOS MÁS DE CERCA.

HABLÓ CON HIJO, SE SUSURRARON COSAS AL OÍDO, Y SE ABRAZARON.

EL VIENTO BLANCO SOPLÓ, SE OYÓ UNA CANCIÓN, LO
QUISO SU MADRE, E HIJO, AHORA UN NIÑO, ABRIÓ LOS OJOS.

ERA UN NIÑO MUY DESPIERTO, Y LE GUSTABA LA POESÍA.

ENSEGUIDA SALIÓ A BUSCARNOS A NOSOTROS, LOS TROZOS
DEL CORAZÓN DE PADRE, ANDANDO POR CAMINOS DE
ENTREGA, CAMINOS MISTERIOSOS, TAN TEMIDOS DEL
MUNDO, CAMINOS DE ENCUENTRO.

PORQUE NOSOTROS AL NACER DEJAMOS NUESTRO HUECO
EN EL CORAZÓN DE DIOS, QUE ES UN CORAZÓN LLENO DE AGUJEROS.

Y ASÍ, SOMOS TROZOS DEL CORAZÓN DE DIOS, TROZOS
ANDANTES, Y SI MIRAMOS DENTRO DE NOSOTROS LO SABREMOS.

CADA HUECO DEL CORAZÓN DE DIOS TIENE UN NOMBRE.

Y HAY UN HUECO QUE LLEVA EL TUYO, Y ES UN HUECO MUY
ESPECIAL PARA SU POBRE CORAZÓN TRASQUILADO.
QUÉ GUSTOS MÁS EXTRAÑOS TIENE ESE POBRE CORAZÓN.
CON QUÉ POCO SE CONTENTA.

Y HOY SI QUEREMOS, DIREMOS QUE SÍ AL NIÑO, Y NOS
ACERCAREMOS FELICES A ESE ABRAZO DE PADRE E HIJO QUE
ES ESPÍRITU, Y PROCURAREMOS ABRAZARNOS TAMBIÉN
NOSOTROS, COMO HACEN LOS NIÑOS CUANDO SUS PADRES
SE ABRAZAN, Y SEREMOS ABRAZADOS, Y SEREMOS ABRAZO.

DEJÉMOSLE A ESE NIÑO QUE NOS ENCUENTRE, NO NOS

ESCONDAMOS, VOLVAMOS AL CORAZÓN DEL QUE SALIMOS.
SEAMOS ABRAZO.

PERSONAS

HOMBRE Y MUJER.
MUJER Y HOMBRE.
¿NO SERÍA MEJOR DECIR PERSONAS?
UNA MISMA CARNE.
UNA MISMA COSA.
UNA SOLA CARNE, UNA SOLA.
UNO SÓLO EL SER HUMANO.
DIGO HOMBRE, Y DIGO MUJER.
DIGO MUJER, Y DIGO HOMBRE.
DIGO ESO, SER HUMANO.
NO SÉ POR QUÉ LAS DIFERENCIAS.
DE LOS QUE HACEN DIFERENCIAS.
SUJETOS DE LA SOLIDARIDAD.
OTRA VEZ ESE DEBATE.
VISIÓN QUE SEPARA.
QUE ATENTA.
Y QUE DIVIDE.
PERSPECTIVA SESGADA.
QUE ATESORA.
Y QUE INTRODUCE.
LA DIFERENCIA.
DIVIDE Y VENCERÁS.
OTRA VEZ EL MISMO TRUCO.
DICES DESIGUAL, PERO ES IGUAL.
ES IGUAL, Y DIFERENTE.
OH, CUÁNDO.
CESAREMOS EL ATAQUE.
CONTRA NOSOTROS MISMOS.
CUÁNDO COMPRENDEREMOS.
QUE EN VERDAD SOMOS EL TODO.
NO SÓLO LA PARTE.
ME DESPERTARÉ.
RECORDARÉ LA UNIDAD.

LA UNIDAD DEL SER HUMANO.
¿ES QUE PREFIERES PENSAR
DESDE LA DIFERENCIA?
LOS ESCLAVOS NO SON HOMBRES.
NI SON TAMPOCO MUJERES.
SÓLO SON SERES HUMANOS.
LOS HOMBRES NO SON MALOS.
NI LO SON LAS MUJERES.
LO SON ALGUNAS PERSONAS.
LOS HOMBRES NO SON TORTURADORES ODIOSOS.
NI LO SON LAS MUJERES.
HAY HOMBRES MALOS, TORTURADORES Y ODIOSOS.
HAY MUJERES MALAS, TORTURADORAS Y ODIOSAS.
LAS ESTADÍSTICAS NO ENTIENDEN.
DE SERES HUMANOS.
NO HABLAN DE PERSONAS.
POR FAVOR, NO.
NO SOMOS CULPABLES.
NI SOMOS INOCENTES.
LOS HOMBRES NO ESTAMOS BAJO SOSPECHA.
NI LO ESTAMOS LAS MUJERES.
A CADA CUAL LO SUYO.
YO NO SOY GENITALISTA.
QUE CADA BOCA HABLE.
Y QUE RESPONDA.
CON SU PROPIA LENGUA.

EL AMOR QUE TE HE DADO

EL AMOR QUE TE HE DADO.
NADIE ME LO PODRÁ QUITAR.
AHORA VUELVE SOBRE MÍ.
COMO UN AGUA LIMPIA.
QUE GUARDA MI TESORO.
DE FLOR QUE SE ABRIRÁ.
EN LA INMUNDICIA DEL DÍA.
CUANDO SE PONE EL SOL.
Y TUS ALAS VIENEN.
A PREGUNTAR MI NOMBRE.
EL AMOR QUE TE HE DADO.
ES MI CUEVA DE ALADINO.
AHORA QUE NO ESTÁS.
Y EN LA DUCHA VEO.
UN CUERPO DESNUDO.
ORGANOS Y DEDOS.

COMO CUALQUIER OTRO.
TODOS PARECIDOS.
PERO NO EL AMOR QUE TE HE DADO.
NO EL AMOR QUE TE HE DADO.
TÚNICA BLANCA.
SEDA ENCINTADA.
PELO ENJOYADO.
QUE ME VESTIRÁN.
GESTOS QUE CUBRIRÁN.
MI CORAZÓN TRANSPASADO.
NIEVES QUE AMAINAN.
TU RECUERDO A MI LADO.

Y TAN ALTO VOLAREMOS

Y TAN ALTO VOLAREMOS.
NUBES BLANCAS.
CIELO ABIERTO.
Y TAN ALTO VOLAREMOS.

AZUL INMENSO.
PRESENTE ETERNO.
MARES DE AMOR INFINITOS.
BAÑARÁN NUESTROS PIES.
BOSQUES QUE NUNCA TERMINAN.
SÓLO PARA NOSOTROS.
Y TAN ALTO BAILAREMOS.
SOMBRAS DE AYER ATRÁS.
Y TAN ALTO REIREMOS.

PUERTAS CERRADAS JAMÁS.
QUE LAS FLORES ENTERRADAS.
DESPERTARÁN OTRA VEZ.
A UNA NUEVA PRIMAVERA.
QUE SE ANUNCIA POR DOQUIER.
ALLÁ DONDE EL SOL AMANECE.
Y TAN ALTO VOLAREMOS.

SOBRE HOMBROS YA CANSADOS.
Y TAN ALTO BAILAREMOS.
SENDAS ABIERTAS, OJOS CERRADOS.
Y TAN ALTO REIREMOS.
LUZ EN TUS MANOS.
ROSTROS AMADOS.
Y TAN ALTO, SÍ, TAN ALTO.
Y TAN ALTO VOLAREMOS.

El amor se lucha

El amor se lucha.
El amor se batalla.
El juicio no es la razón.
El juicio ya se ha ganado.
Su veredicto es perdón.
El juez acoge y disculpa.
Y quedamos como somos.
Con nuestro amor como fue.
Grande o pequeño.
Nuestra presencia, nuestras palabras, nuestros gestos.
No es el juicio, es el amor.

El amor se lucha.
El amor se batalla.
Esa es sola la pelea.
Esa es sola la razón.
Y tanta imagen y semejanza.
Como amor nos quedó.
Y tanto disfrutaremos del baile.
Como grande quedó.
Nuestro amor.
Y tan alto volaremos.
La alegría del otro.
Como libre se alzó.

Nuestro amor.
El amor se lucha.
El amor se batalla.
Esa es sola.
La razón.
Crecer en amor.
Es ser nosotros.
Construirnos.
Ser de Dios.

AHORA YA SOMOS HIJOS DE DIOS

UNA DE LAS PERSONAS DIVINAS, CRUCIFICADA.
UN SOLO DIOS CRUCIFICADO. UNO DE LOS NUESTROS, CRUCIFICADO.
UN SOLO HOMBRE, CRUCIFICADO.
UN SOLO DIOS, UN SOLO HOMBRE, CRUCIFICADOS.
DIOS CRUCIFICADO, EL HOMBRE CRUCIFICADO.
UN SOLO DIOS, UN SOLO HOMBRE, UNA PERSONA DIVINA,
NATURALEZA HUMANA, CRUCIFICADAS.
TRES PERSONAS DISTINTAS, UN SOLO DIOS VERDADERO.
MILES DE PERSONAS DISTINTAS, UN SOLO HOMBRE VERDADERO.
SOMOS EL HOMBRE, EL MISMO HOMBRE.
EL HOMBRE CRUCIFICADO SOMOS TAMBIÉN NOSOTROS.
EL UNO SE HIZO UNO CON EL HOMBRE,
LOS DOS CRUCIFICADOS.
LOS MÉRITOS DE CRISTO SON PARA EL HOMBRE.
SÓLO PARA EL HOMBRE.
EL HOMBRE AHORA ES ENTREGA.
Y RECUPERA NUESTRA IMAGEN Y SEMEJANZA.
DESDE ENTONCES SOMOS UNO.
PORQUE EL UNO SE HIZO UNO.
MUCHAS PERSONAS, UN MISMO HOMBRE.
EL HOMBRE, UN SOLO HOMBRE.
TRES PERSONAS, UN SOLO DIOS.
DIOS, UN SOLO DIOS.
AHORA QUE EL HIJO ES UNO CON EL HOMBRE.
AHORA QUE NOSOTROS SOMOS UNO CON EL HIJO.
AHORA QUE CRISTO SOMOS TAMBIÉN NOSOTROS.

AHORA YA SOMOS HIJOS DE DIOS.

Y SI NO, NO SOMOS

HE LEÍDO LO QUE HE ESCRITO.
MI ÚNICO LECTOR PACIENTE.
PALABRAS DISTINTAS.
PERO SIEMPRE LO MISMO.
LA MISMA CANCIÓN, DISTINTAS NOTAS.
EL TIEMPO PASA RÁPIDO.
ES SIEMPRE EL MISMO.
LOS MISMOS ERRORES, DISTINTAS PERSONAS.
LOS MISMOS MENSAJES, ESENCIALMENTE.
LAS MISMAS FAMILIARES INTENCIONES.
¿DE VERDAD EXISTIMOS INDIVIDUALMENTE?
ES TODO TAN PREDECIBLE...
ES DIFÍCIL SER ORIGINAL.
INCLUSO EN LA MALDAD.
ESPECIALMENTE EN LA MALDAD.
NO FUIMOS ORIGINALES.
HAY POCAS PERSONAS.
QUE VEN EN LO ESCONDIDO.
QUE DESCIFRAN EL ENIGMA.
Y SE TRANSFORMAN EN ENIGMA.
LA RESPUESTA ES EL OTRO.
SIEMPRE FUE EL OTRO.
SER HACIA EL OTRO.
EL SER FUE SIEMPRE ESO, UN VIAJE HACIA EL OTRO.
ESO SOMOS.
VIAJES HACIA EL OTRO.
Y SI NO, NO SOMOS.

Escrito por José **María Alonso Alonso de Linaje**, *La soledad como oportunidad* es una guía útil para encontrar sentido en la vida en las diferentes etapas de la vida, incluso en medio de la soledad causada por la enfermedad o la vejez. Es útil tanto para el paciente como para el cuidador. José María es un hombre del Renacimiento: autor, educador, músico y hacendado. Se graduó en la Universidad de Valladolid con un título en educación, un campo en el que ha dedicado la mayor parte de su vida profesional. Hasta la fecha, ha publicado un total de 52 libros y artículos para diversas revistas en España.

El Padre Gilbert Luis R. Centina III, OSA, poeta conocido y multipremiado tanto en EE.UU como en Filipinas, habla hiligainón, tagalo, inglés y español, es autor de seis colecciones de poesía, dos novelas y un libro de crítica, y buen conocedor de las labores de los hispanistas de Filipinas, dedicados a difundir, defender y enaltecer el idioma español.

Es de esta noble pelea de los hispanistas en Filipinas de donde obtiene su inspiración para escribir *Dyptich/Díptico*.

Durante más de tres siglos–conviene recordarlo–las Islas Filipinas formaron una muy querida parte del Imperio Español.

www.ingramcontent.com/pod-product-compliance
Lightning Source LLC
Chambersburg PA
CBHW080815250626
47159CB00010B/3387